本书受国家自然科学基金面上项目资助
（项目批准号：72373147）

CHINA'S SHADOW
B A N K I N G
System and Optimal Regulations

中国影子银行体系
及最优监管机制研究

刘泽豪 ◎著

中国财经出版传媒集团
经济科学出版社
Economic Science Press
·北京·

前 PREFACE 言

　　自 2008 年全球金融危机以来，影子银行一直是学界和业界的热点话题。学界针对影子银行进行了大量的研究，中国和国外的监管当局也都对影子银行十分重视。然而，西方文献中对于影子银行存在原因的主流解释是对资本监管要求的监管套利，中国影子银行体系的两个突出区别在于：（1）中国法定存款准备金率较高，因此规避准备金监管是影子银行出现的重要原因之一，此类影子银行面临流动性问题，会增加金融体系的流动性风险；（2）影子银行主要从商业银行衍生，监管机构的监管能力相较于国外监管机构更强，因此部分影子银行业务应当能被有效监管，监管层应当存在主动利用影子银行的动因。据此，本书从准备金监管套利引致的影子银行及非因监管套利出现的影子银行（即监管层能够有效监管的影子银行）这两种具有中国特色的影子银行出发，构建研究中国影子银行体系的基础理论框架，全面评估这两类影子银行业务对金融体系和宏观经济的影响，并基于此研究中国背景下影子银行的最优监管机制。

　　研究发现，准备金监管套利引致的影子银行会削弱商业银行提供流动性保险的作用，从而导致流动性风险分担不足。改善影子银行流动性的政策可能会因进一步触发监管套利而降低福利。政府可以通过发行名义货币和允许使用名义货币缴税的政策组合为流动性短缺的经济主体提供更多流动性，缓解流动性短缺问题，提升社会福利。

当影子银行能够被有效监管时，影子银行仍存在的原因可能是其能够帮助缓解过度信贷和低效率投资问题。当监管机构禁止商业银行使用表内资金向存在过度信贷问题的行业贷款时，由于影子银行投资的分散化程度较低，且受到的保护较少，为了在影子银行继续获得融资，必须提高项目质量以降低风险，从而可以减少金融体系向产能过剩的低效率行业的贷款规模。

本书为进一步规范管理影子银行、防范化解重大风险、合理利用影子银行为实体经济服务的相关决策提供了严谨的理论基础。通过对中国实践中发现的新现象进行归纳升华，得出一般理论，拓展了学界对影子银行影响机制的认识，完善了影子银行问题的理论分析框架，发挥了引领拓展学科前沿的作用。

目录 CONTENTS

第1章

Chapter 1

绪　论

1.1
研究背景

党的二十大报告指出，要深化金融体制改革，建设现代中央银行制度，加强和完善现代金融监管，强化金融稳定保障体系，依法将各类金融活动全部纳入监管，守住不发生系统性风险底线。2019年2月22日，习近平在中共中央政治局第十三次集体学习时强调："我们要深化对金融本质和规律的认识，立足中国实际，走出中国特色金融发展之路。"当前，我国正由高速增长阶段迈向高质量发展阶段，我国金融业的市场结构、经营理念、创新能力、服务水平还不适应经济高质量发展的要求，诸多矛盾和问题仍然突出。因此，有必要从基础理论角度，进一步深入研究中国金融活动的本质和规律，从而进一步完善对金融活动的监管，促进金融更好地为实体经济服务，推动实现经济高质量发展。

近年来，中国影子银行业务快速发展，成为金融体系中不可忽视的组成部分。按照金融稳定委员会（FSB）的统计口径，中国的影子银行存量规模在2008年只占GDP的4%，而到2018年已经占到GDP的61%。鉴于影子银行的重要地位，对影子银行的研究成为对中国金融体系研究不可缺少的一部分。国际国内文献中，对影子银行的研究已经有很多。

然而，中国的影子银行具有诸多特色，与西方国家的影子银行不同。要想完善有中国特色的影子银行监管机制体系，就必须立足中国实际，深入了解中国影子银行的存在逻辑、运行机制和造成的影响。

目前，西方学术界对于影子银行存在原因的主流解释是对资本监管要求的监管套利（Plantin，2014；Luck & Schempp，2014；Harris et al.，2014；Ordoñez，2018；Huang，2018）。一般认为，影子银行的出现是因为对银行业的资本监管逐步提高，为了进行信贷业务，商业银行就必须准备更多的资本，而资本的募集是有成本的。因此，金融业就会基于不受资本监管要求的金融中介（如货币市场基金），使用不受资本监管要求的金融工具（如通过资产证券化工具将贷款出表），从而达到绕过资本充足率监管的目的。此类影子银行产品的主要特点是风险较高，尾部风险会使得此类资产在负面冲击出现时遭受较大损失，从而增加了金融体系的信用风险。西方许多国家采取了超低准备金率或者无准备金率政策（例如，美国此前的平均存款准备金率低于1%，疫情后更是降至0，欧元区的存款准备金率当前也仅为1%，日本的平均存款准备金率也长期低于1%，英国、加拿大等国家已经废除了存款准备金率要求），因此影子银行并不是为了规避存款准备金监管而出现的。影子银行在美国大量出现于2008年金融危机前，而流动性监管在《巴塞尔协议Ⅲ》生效之后才被正式引入，因此影子银行的出现也不是为了规避流动性监管。

与之不同，中国的存款准备金率较高。根据中国人民银行发布的数据，大型金融机构的存款准备金率在2008年全球金融危机后最高达到21.5%，中小金融机构达到19.5%。尽管此后屡次降低存款准备金率，当前大型金融机构存款准备金率仍为12%，金融机构加权平均存款准备金率也达到8.9%，因此在中国，规避存款准备金率监管的动机是影子银行出现的重要原因之一。例如，货币市场基金投资于同业存款，而商业银行同业存款之后再给企业放贷，这一影子银行业务可以规避准备金要求。此类影子银行产品面临的主要问题可能就是由于准备金缺乏导致的流动性问题，增加了金融体系的流动性风险。流动性风险的增加可能会导致影子银行市场更容易出现挤兑的问题。据此，本书将通过建立一个包含流动性冲击、准备金监管和影子银行行为的一般均衡模型，研究对于准备金监管的监管套利引致的影子银行行为对于资源配置效率和金融风险的影响；随后将基于影子银行对金融体系的影响逻辑，给出准备金监管政策和资本充足率监管政策在影子银行监管中的最优配合机制。

上述分析仍然是从监管套利的角度理解影子银行的，监管套利理论最重要的假设是监管机构只能监管商业银行部门，而不能监管影子银行的活动，因此才为绕过监管留下了空间。然而，中国影子银行与西方影子银行的另一个突出区别在于，中国的影子银行是从商业银行衍生出来的，因此又被称为"银行的影子"。认为监管机构完全不了解影子银行的存在，或者是尽管了解影子银行的存在，但完全无法监管影子银行的观点，可能在很大程度上低估了中国监管机构的信息和监管能力。从信息维度来看，由于中国的影子银行活动主要围绕着商业银行展开，中国监管机构更容易通过商业银行运营的数据来监控影子银行活动，金融机构通过复杂的金融市场创新来规避监管的难度较大。此外，中国监管机构的数据收集难度也相对更低，中国银行保险监督管理委员会（以下简称"银保监会"）每天都会从银行收集详细的贷款数据，银行还会以较高的频率向银保监会报送各项财务指标。因此，中国监管机构在信息维度可以掌握相当数量的影子银行数据。从监管能力来看，由于中国的商业银行体系中，国有银行和国有控股银行占比很大，监管部门除了使用相关指标性工具之外，还可以使用窗口指导的监管模式，监管更容易实现。此外，银行管理层的任职也会受到监管机构的影响。因此，中国监管机构的监管能力相较于国外监管机构更强。

基于此，中国监管机构应当既了解影子银行的存在，又可以在一定程度上监管部分影子银行，如委托贷款、信托贷款、银行理财、同业存款等通过商业银行体系执行的影子银行业务。然而，我国监管机构直到 2018 年资管新规（《关于规范金融机构资产管理业务的指导意见》）发布，才开始全面地对影子银行进行监管，此前只是对影子银行的部分产品进行规范。因此，仅仅从监管套利的角度，必然无法全面地理解中国影子银行出现的逻辑和其运行机制。2018 年 12 月 13 日晚，中国人民银行行长易纲在"新浪·长安讲坛"上发言称，影子银行是（商业银行体系的）必要补充，但要依法依规经营。这意味着监管层既了解影子银行的存在，又能够监管部分影子银行；进一步意味着影子银行的存在必然有其正面作用，而不仅仅是监管套利理论所认为的绕开监管并带来风险的负面作用。那么，搞清中国影子银行体系的正面作用是什么，就成为理解中国特色影子银行监管机制的重要一环。

本书将通过建立一个信息不对称条件下的影子银行模型，分析适度的影子银行业务对解决过度信贷和低效率投资问题的作用。模型还将讨论利用影子银行所带来的额外风险，并基于这一理论逻辑，在防范化解重大风险的前提条件下，给出信息不对称条件下最优利用影子银行的机制和对应的监管政策。

1.2
研究问题与本书结构

1.2.1　研究问题

本书主要针对准备金监管的监管套利引致的影子银行以及非因监管套利出现的影子银行（即监管层能够有效监管的影子银行）这两种具有中国特色的影子银行出发，从基础理论角度，深入研究这两种类型的影子银行给金融体系和宏观经济带来的影响，并基于此得出中国影子银行监管机制的最优制度安排。这两个刻画影子银行的新视角既源于中国金融体系的现实情况，又是对影子银行前沿理论的重要贡献。本书将对进一步规范管理影子银行，在防范化解重大风险的前提条件下合理利用影子银行为实体经济服务提出政策建议。

具体而言，本书试图回答以下问题。

（1）准备金监管套利引致的影子银行对金融体系和宏观经济的影响机制及最优监管机制。

① 由准备金监管套利引致的影子银行的出现机制是什么？其规模在不同经济环境下是怎样的？影子银行规模与监管力度有什么样的关系？

② 由准备金监管套利引致的影子银行的出现对流动性风险有何影响？对经济的资源配置效率有何影响？对于监管政策的有效性有何影响？

③ 影子银行金融产品的流动性变化会对经济带来怎样的影响？如果监管政策可以调节影子银行金融产品的流动性，应当如何设计监管政策？

④ 相较于一个真实经济而言，引入名义货币会对准备金监管套利引致的影子银行体系有何影响？对于最优监管机制又有何影响？

⑤ 在存在影子银行的条件下，应当如何最优地设计宏观政策，以实现最优的流动性资源配置？

（2）信息不对称条件下非因监管套利出现的影子银行的存在逻辑及最优监管机制。

① 在信息不对称的条件下，为何监管层在清楚影子银行存在的情况下仍允许其存在？

② 适度的影子银行业务能够带来怎样的福利提升？政府可以利用影子银行解决怎样的问题？利用影子银行时需要其他怎样的政策的配合？

③ 刚性兑付和影子银行资产透明度的不同分别会对利用影子银行的政策产生怎样的影响？禁止刚性兑付和穿透监管又会如何影响利用影子

银行的政策？

④ 利用影子银行是否会给金融体系带来额外的风险？如何防范化解这些风险？

⑤ 不同的经济环境下，最优利用影子银行的机制和对应的监管政策是怎样的？政策应当如何根据宏观经济金融形势的变化而调整？

1.2.2　本书结构

第 1 章为绪论，介绍了本书的研究背景、研究问题、研究结构，并对现有文献进行了系统回顾，比较了本书的研究成果与现有文献的不同。

第 2 章和第 3 章研究准备金监管套利引致的影子银行。第 2 章指出，准备金监管套利引致的影子银行会使得准备金监管无效化，进而削弱商业银行提供流动性保险的作用，导致流动性风险分担不足。改善影子银行流动性的政策对福利的影响取决于当前的法定存款准备金率。法定存款准备金率较低（较高）时，改善影子银行流动性的政策会降低（提高）社会福利。引入具有真实价值的外部货币可以提高资源配置效率，因为货币的引入可以放松准备金率约束，缓解监管套利问题。

第 3 章进一步讨论了存在影子银行时有效的宏观政策。第 2 章的分析说明，影子银行的存在会使得准备金监管政策无效，无法解决流动性不足的问题。怎样的宏观政策可以解决存在影子银行情形下的流动性不足问题，就成为有重要研究价值的问题。第 3 章给出了一种通过财政和货币政策配合解决存在影子银行背景下流动性不足问题的政策思路。

第 4 章研究信息不对称条件下非因监管套利出现的影子银行。对地方政府融资导致影子银行出现的制度背景进行了讨论，并通过理论模型刻画了非因监管套利出现的影子银行的形成机制，随后从多个不同角度研究了此类影子银行对经济金融体系的影响及最优监管机制。

第 5 章为结论，对本书的研究结果进行总结。

1.3

文献综述

1.3.1 国外研究现状述评

国外关于影子银行出现原因的最主要解释是监管套利，特别是对资本监管的监管套利。其中，一部分文献认为银行的经营活动存在外部性，追求利润最大化的银行未能内部化其经营风险带来的社会成本。因此，即使对银行施加资本监管，它们也会因为激励不相容的问题而希望通过影子银行绕过监管。例如，普兰丁（Plantin，2014）认为监管层施加资本充足率监管的原因是银行自行决定的杠杆率高于社会最优水平，这是因为银行破产会带来额外的社会成本，但银行自身并未考虑这一因素。此时商业银行会通过从事影子银行业务来绕过资本监管，但是影子银行业务会带来额外的信用风险，过大的信用风险会使得资本充足率监管无效，社会总体的违约风险提高。此时可能需要适当放松资本监管要求以抑制影子银行的业务。黄（Huang，2018）发现商业银行通过影子银行进行监管套利并为影子银行提供隐性担保时，影子银行会增加整个体系的金融风险，且会表现出顺周期性。他认为对商业银行的资本监管是有效的，可以降低商业银行为影子银行提供隐性担保的能力。奥多涅兹（Ordoñez，2018）认为资本监管会通过限制银行投资风险过高的项目以提高福利，但认为如果存在信息不对称，监管层可能会过度监管商业银行，此时影子银行绕过监管的行为可能反而会带来社会福利的提升。肖（Xiao，2020）认为影子银行的金融风险更高，脆弱性更大。由于紧缩性货币政策可能会触发更大规模的监管套利，紧缩性货币政策可能会增加金融系统的脆弱性。这也是从信用风险的角度对影子银行进行刻画的。此外，还可参见汉森等（Hanson et al.，2011）、拉克和申普（Luck & Schempp，2014）、哈里斯等（Harris et al.，2014）等的研究。

　　一部分文献从资本监管的角度出发，研究了商业银行和影子银行的关系。阿查里雅和理查森（Acharya & Richardson，2009）认为，影子银行在平时会因为规避资本监管而获得成本上的优势，同时如果影子银行和商业银行联系过于紧密，使得影子银行会获得商业银行提供的隐性担保，则影子银行在平时会出现过度扩张，显著增加金融系统的风险。戈尼卡（Górnicka，2016）认为，在存在资本充足率监管的情况下，商业银行与影子银行是竞争还是互补关系取决于商业银行是否能够为影子银行提供担保。当商业银行不能提供担保时，两者是替代关系，影子银行会挤出商业银行；但当商业银行能够提供担保时，影子银行的发展反而会扩大商业银行的规模。费兰特（Ferrante，2018）认为当存在信息不对称时，商业银行的放贷能力会被限制，此时影子银行可以起到补充作用，增加信贷投放，但这同时也增加了金融系统的风险和银行挤兑的概率。此时非常规的货币政策可以起到增加金融系统稳定性的作用。法里和梯若尔（Farhi & Tirole，2021）也认为，当影子银行存在时，监管需要对应进行调整，在金融机构内部建立商业银行和影子银行之间的业务防火墙是十分必要的，刚性兑付会降低福利，但是应当允许这两类机构在市场上以市场价格借贷资金。比奇诺和兰德沃伊特（Begenau & Landvoigt，2022）通过一个数量一般均衡模型研究了当针对商业银行的资本监管发生变化时，影子银行体系的反应。总之，上述文献都认为影子银行的出现是为了绕过资本监管，并重点关注影子银行对经济总体信用风险的影响。上述文献强调，影子银行的存在可能会提高违约概率，还会导致金融危机期间更大的产出下降，甚至影子银行本身就是金融危机的根源。

另一部分文献认为，影子银行存在的原因是资本监管导致的安全资产不足问题。当监管过严时，商业银行由于资本约束，创造安全资产（如存款）的能力不足，影子银行可以提供"准安全"资产作为安全资产的不完全替代品。"准安全"资产在正常情况下是安全的，而在出现负面冲击时则变得有风险（Gorton & Metrick，2012；Krishnamurthy & Vissing-Jorgensen，2012；Gennaioli et al.，2013；Moreira & Savov，2017）。真纳约利等（Gennaioli et al.，2013）认为，影子银行平时是安全的，但是具有容易被忽视的尾部风险，在极端事件发生时可能会显著放大负面冲击，给金融系统带来很大的不稳定性，忽视这一金融风险会使得对影子银行的监管不足。莫雷拉和萨沃夫（Moreira & Savov，2017）认为监管导致经济体中可用的抵押品不足，因此经济主体有通过影子银行生产额外的"准安全"资产的动机，这些影子银行产品在平时是安全的，但是负面冲击的到来会使得这些产品的风险暴露，经济会在此时抛弃这些影子银行产品，转而使用绝对安全的抵押品，如国债等。与这些文献不同，本书从准备金监管套利和非监管套利这两个新角度刻画影子银行，因此可以研究同样存在负面冲击的情况下，流动性负面冲击与信用风险（或项目质量）负面冲击会对影子银行体系和整个金融系统产生怎样不同的影响，监管政策又应当有怎样的差异。

此外，还有少量文献虽然从资本监管套利引致的影子银行出发，但是考虑了资本监管对于社会流动性水平的影响。卡拉和奥索伊（Kara & Ozsoy，2020）指出，资本监管会压缩银行的利润空间，此时银行可能会通过持有流动性差的资产以提高利润水平，资本监管可能会导致社会总体流动性水平降低。刘和谢（Liu & Xie，2021）指出，过高的资本监管使得商业银行存款的收益率过低，会导致经济主体更多投资流动性劣于商业银行存款的其他资产，降低社会总体流动性水平。这些文献尽管研究了影子银行对流动性的影响，但仍是从资本监管角度出发的，没有考虑准备金监管套利，也没有考虑影子银行的流动性水平和准备金监管的交互作用。

尚未见到直接从准备金监管套利和非监管套利角度研究影子银行的国外文献。针对本书考虑的基于准备金监管的监管套利，汉森等（Hanson et al.，2015）的发现支撑了本书对于影子银行流动性劣于商业银行的假设，他们认为由于影子银行不受存款保险的保护，影子银行产品更容易遭受流动性冲击，商业银行应当持有非流动性的资产。这一研究并未讨论这一背景下的最优监管政策。针对本书考虑的影子银行可能提高社会福利的情况，奥多涅兹（2018）认为存在过度监管时，影子银行的监管套利可以改善福利，其尽管考虑了影子银行的正面作用，但仍然是从针对资本充足率监管套利的传统角度进行研究的，特别是没有考虑监管层主动利用影子银行的可能性。本书中不存在过度监管。影子银行之所以能够提高社会福利，是因为影子银行投资组合的分散程度较低，投资者的信息生产促使银行进一步提高项目质量，从而纠正地方政府干预导致的贷款质量扭曲。

实证分析中，艾拉尼等（Irani et al.，2021）实证验证了美国资本充足率监管和影子银行出现之间的关系。他们发现，在资本充足率要求较高和市场的资本较为匮乏时，影子银行会因为其低监管要求而替代商业银行的业务；同时也发现了影子银行产品具有较高的信用风险。布查克等（Buchak et al.，2018）实证研究了金融科技贷款公司这种影子银行形式在美国的增长，发现商业银行和金融科技贷款公司监管力度上的差异是影子银行出现的主要形式，进一步地，金融科技贷款公司这种影子银行的贷款利率高于传统商业银行，他们认为这可能是因为提供了贷款流程上的便利。德鲁尔等（de Roure et al.，2021）使用德国数据研究发现，资本监管会使得信贷资金从商业银行转移到 P2P 平台。森德拉姆（Sunderam，2015）验证了在不发生危机时，影子银行证券具有一定的货币特征。克里希纳穆尔蒂和李（Krishnamurthy & Li，2022）进一步实证研究了商业银行存款、影子银行证券和国债在流动性维度的替代关系，发现影子银行证券的流动性弱于商业银行存款，因此影子银行证券不能作为商业银行存款的完美替代，这一发现为本书的理论假设提供了实证基础。

近年来，国外文献关于中国影子银行问题的研究也逐渐增多。阿查里雅等（2020）通过研究中国的理财产品，发现2008年全球金融危机后的信贷刺激政策和银行竞争存款的行为是理财产品类型的影子银行快速增长的原因。哈希姆和宋（Hachem & Song，2021）也认为经济刺激政策带来的信贷扩张主要通过表外的影子银行渠道引发信贷泡沫。这两篇论文主要关注2010年前后影子银行的扩张。

2010年之后中国的信贷扩张速度开始放缓，影子银行扩张的新渠道开始出现，目前文献中对于这一阶段影子银行扩张的分析仍然是基于监管套利。陈等（Chen et al.，2018）发现紧缩性货币政策导致影子银行贷款规模快速上升，抵消了传统银行贷款规模的下降，因此影子银行会降低货币政策的有效性。陈等进一步指出，在监管机构开始收紧对地方政府融资平台和房地产行业的信贷投放后，影子银行给予了这些行业融资，以保证当前的项目能够继续进行。张等（Chang et al.，2020）发现商业银行使用影子银行向产能过剩行业的客户提供信贷，证明了影子银行的出现一部分是商业银行监管套利的结果。这些文献都是从作为监管套利工具角度分析影子银行的，都假设政府无法直接管控影子银行。本书提出了影子银行扩张的新视角，认为监管机构了解影子银行的存在，但默许了影子银行的扩张，其目的是利用影子银行渠道以抑制地方政府短视行为带来的低质量贷款扩张。

丛等（Cong et al.，2019）发现4万亿财政刺激政策导致了信贷配置的扭曲，地方政府主导下投资了许多低效率但投资规模大的项目，这为本书假设的基础——地方政府短视行为提供了支撑。相关讨论还可参见李和周（Li & Zhou，2005）、白等（Bai et al.，2016）的研究。张等（2020）发现通过影子银行发放的贷款并不一定是低质量贷款，很多影子银行贷款反而是高质量的。这一发现印证了本书所提出的渠道，即影子银行可能通过信息生产渠道促进了贷款质量的提高。艾伦等（Allen et al.，2019）分析了委托贷款这一中国重要的影子银行形式，发现影子银行融资的定价基本是公允的，这一结论从实证上支撑了影子银行可能是一种市场化约束手段的观点。王等（Wang et al.，2019）也认为监管层主动利用了影子银行渠道，不过他们认为监管层的目的是通过影子银行促进利率市场化，而本书侧重于影子银行在缓解地方政府干预导致的贷款质量扭曲方面的作用。

本书也与私人信息生产的文献密切相关。戈顿和彭纳奇（Gorton & Pennacchi，1990）以及邓等（Dang et al.，2013）认为短期债务，如银行存款或货币市场工具，可以保护投资者免受逆向选择的影响，这为本书假设影子银行投资者一旦生产信息，影子银行产品就无法获得融资是一致的。戈顿和奥多涅兹（2014）正式提出了"信息敏感性"这一概念，并指出信息的突然生产会限制借款人的借款能力，意味着借款人必须减少借款金额以抑制私人信息的生产，这类似于经典的逆向选择问题。邓等（2017）认为商业银行的一个重要职能是保守秘密，也就是本书所提出的，由于商业银行投资更加分散，投资者生产商业银行投资项目的动机更小。这些文献通常都认为信息生产是有害的，对企业造成融资约束，导致产能无法被充分利用，进而降低社会福利。本书在这一框架下引入了影子银行，首次提出在存在地方政府短视行为对贷款发放的扭曲时，信息生产这一约束机制可能可以提高社会福利，这是在这些文献基础上的创新。

1.3.2　国内研究现状述评

国内学术界对于影子银行问题已经有了广泛的关注。孙国峰和贾君怡（2015）指出中国影子银行的主要形式是商业银行的"影子"。监管套利角度也是国内研究影子银行的主要角度，但是这些文献也主要是关注影子银行产品的信用风险而非流动性风险，也没有考虑监管层最优利用影子银行的可能性。林琳等（2016）认为监管套利的行为主导了中国影子银行的发展，影子银行带来了大量的信用风险。祝继高等（2016）实证验证了这一结论，认为商业银行向影子银行体系融出资金的一个重要动机就是规避贷款能力受监管限制而对业绩造成的负面影响。侯成琪和黄彤彤（2020）认为影子银行是由于监管套利而出现的，导致了监管措施有效性的降低，因此建议应当将针对商业银行的监管扩展到影子银行。郁芸君等（2021）认为监管套利带来了隐性金融风险，过于严格的监管会诱发银行刻意隐藏信用风险的行为，降低银行资产质量，因此需要加以规范。周上尧和王胜（2021）认为银行部门间的金融创新冲击是导致影子银行迅猛发展与系统性金融风险积聚的根本原因。刘澜飚等（2022）选取非标资产作为研究中国影子银行的切入点，发现银行的风险分担需求与监管套利是驱动中国影子银行体系发展的两个重要因素。

许多文献从影子银行对货币政策传导影响的角度进行了研究。裘翔和周强龙（2014）理论上研究了一个包含影子银行的金融中介体系，他们刻画影子银行体系的主要方式是将影子银行视为商业银行信贷投放体系在高风险领域的延伸，发现正向的利率冲击会引发影子银行体系的扩张以及高风险企业的加杠杆行为，影子银行体系削弱了货币政策的有效性。高然等（2018）发现货币政策冲击与存贷比监管冲击是导致中国影子银行信贷波动的主要驱动力，且这两类冲击分别通过商业银行面临的资本充足率约束和存贷比约束导致影子银行融资规模的逆周期变动。高蓓等（2020）发现监管套利催生的影子银行对货币政策有效性和社会福利的影响在不同阶段具有差异性，影子银行发展初期尽管削弱了货币政策的有效性，但是资金大多进入了实体经济，因此可能会提高社会福利。

但影子银行发展的后期会因为放大资产价格泡沫、积聚金融风险而降低社会福利。彭俞超和何山（2020）发现影子银行限制政策（如资管新规）一方面导致资本总量下降，减弱了宽松货币政策对投资的刺激效果；另一方面使资本向高效率企业集中，提高了资源配置效率。项后军和周雄（2022）发现影子银行会降低商业银行流动性囤积水平，对影子银行的监管可能会导致商业银行流动性囤积水平上升，抑制货币政策向实体经济的传导。何平等（2018）从货币创造的角度实证研究了影子银行对宏观经济的影响，其中讨论了影子银行的流动性问题，不过主要是从实证角度进行研究的，并未提出完整的理论框架。

与本书关注的准备金监管套利和非监管套利的视角不同，现有文献大量从另一个有中国特色的角度研究了影子银行，即非金融企业通过充当"实质性信用中介"或"间接参与影子信贷市场"的方式开展影子银行业务。王永钦等（2015）使用上市公司数据识别了中国非金融企业的影子银行活动，发现国有企业相对于民营企业更加深入地参与了影子银行活动。李建军和韩珣（2019）发现非金融企业的影子银行业务增加了企业的经营风险。后续研究中，韩珣和李建军（2020）发现金融错配程度的提高整体上会提高非金融企业影子银行化规模，并且这种效应仅在金融深化程度较高、经济资源市场化配置程度偏低的地区显著。韩珣和李建军（2021）研究了政策连续性对非金融企业影子银行化与社会责任承担之间关系的影响。龚关等（2021）发现，非金融企业影子银行化短期内有助于改善资源配置效率，但推升了劳动力和融资成本，长期中由于低效企业不会完全退出而降低社会全要素生产率。司登奎等（2022）发现银行竞争能够显著降低非金融企业影子银行化。非金融企业从事影子银行业务本质上还是因为监管套利出现的，因此，这些文献更多关注的是中国影子银行与国外的形式不同，而非中国影子银行出现的不同原因。

与这些文献不同，本书关注中国影子银行出现的原因与西方背景下的不同，由此从两个更加基础的新角度研究中国的影子银行：一是针对准备金监管套利并带来额外的流动性风险的影子银行；二是监管层能够管控并利用的影子银行。目前国内尚未有从基础理论角度讨论这两类影子银行的文献。

1.4
本书的特色与创新

本书的特色主要在于从中国的实际出发，研究中国影子银行体系的特点及其最优监管机制。本书深入研究了中国影子银行出现的原因与西方发达国家的不同，并从理论分析的角度研究了中国影子银行对于金融体系和宏观经济的独特影响，提出了对应的最优监管机制。

从学理角度讲，本书的创新主要体现在以下两大方面。

第一，本书首次从理论层面刻画了准备金监管套利引致的影子银行的特征并研究了相应的最优监管机制。首先，现有的西方研究影子银行的理论文献主要关注影子银行对资本监管的监管套利，并由此侧重于影子银行对金融体系信用风险的影响（Gennaioli et al.，2013；Plantin，2014；Moreira & Savov，2017；Ordoñez，2018；Huang，2018；Xiao，2020）。本书则重点研究影子银行对准备金监管的套利，并由此重点关注影子银行的流动性属性，即影子银行产品较差的流动性如何影响经济体的总体流动性水平和流动性结构。影子银行的存在可能会使商业银行提供流动性保险的作用失效，从而导致流动性短缺问题的出现。其次，本书研究了准备金监管对商业银行和影子银行互动机制的影响，并给出在存在影子银行的情况下准备金监管的最优机制设计，还探索了准备金监管和资本监管的最优配合机制。再次，本书从流动性角度解释了为何影子银行杠杆率是顺周期的，而商业银行杠杆率是逆周期的（相关实证分析参见 Adrian & Shin，2010；Gorton & Metrick，2012；He et al.，2010）。机制在于，当流动性冲击发生时，消费者会出售影子银行产品以换取商业银行存款，因此影子银行会降杠杆，而对于商业银行存款的需求反而会增大。最后，本书首次在研究影子银行的文献中引入名义货币，分析相较于一个真实经济，引入名义货币对准备金监管套利引致的影子银行体系的影响，以及对最优监管机制的影响。在此基础上，本书还提出了解决存在影子银行背景下流动性不足问题的创新性宏观政策建议。

第二，本书首次研究了信息不对称条件下非因监管套利出现的影子银行的存在逻辑及对应的最优监管机制。西方目前对于影子银行的研究集中于对于监管套利的刻画，而目前对于中国影子银行的研究也大多是从监管套利的视角出发的。例如，陈等（2018）、陈等（2020）等的研究都将2010年以来中国影子银行的扩张归因于监管套利。他们认为，政府2010年以来对房地产行业、地方政府融资平台（LGFV）和产能过剩行业收紧了信贷，而影子银行是为了规避监管而出现的。这些文献都认为政府是无法监管影子银行的。与这些观点不同，本书首次研究了非因监管套利而出现的影子银行，指出在中国背景下，监管层对于一部分影子银行业务，既有足够的信息，又有监管能力。监管层会主动利用影子银行来抑制由于地方政府短视而带来的过度投资和低效率投资，从而提高贷款的平均质量，改善社会福利。影子银行的这一积极作用是本书首次提出的。认识到影子银行的这一作用对于最优设计监管政策有着非常重要的意义。同时，本书提出的影子银行的作用机制还可以帮助理解近年来宏观经济变化条件下对于影子银行监管政策的变化。此外，本书还探讨了发挥影子银行积极作用和防范化解重大金融风险之间的关系，为最优利用影子银行提出了政策建议。

第2章
Chapter 2

准备金监管套利引致的
影子银行的经济影响

2.1
引　言

影子银行体系通过发行类似于银行存款的证券，吸收储户的资金，并贷给投资者。[①] 本章将影子银行定性为不受商业银行准备金监管约束，但其产生的债务流动性低于银行存款的金融机构。随后，本章研究商业银行如何与影子银行互动，以及对投资效率、社会福利和最优准备金监管政策的影响。本章发现，影子银行会削弱商业银行提供流动性保险的作用，从而导致风险分担不足。改善影子银行流动性的政策可能会因监管套利而产生意想不到的后果。

需要说明的是，准备金监管是流动性监管的一种。本章模型中刻画的准备金监管可以很容易地推广到一般的流动性监管，如对流动性覆盖率的监管。因此，本章的模型能够在很广的范围内涵盖各种流动性监管

[①] 监管套利是影子银行出现的一个主要驱动因素（Gorton & Metrick，2010；Pozsar et al.，2010；Acharya et al.，2013），影子银行不受对商业银行实施的资本要求的约束（Gennaioli，2013；Plantin，2014；Moreira & Savov，2017；Ordoñez，2018；Huang，2018；Farhi & Tirole，2021）。

带来的影子银行。

与戴蒙德和迪布韦克（Diamond & Dybvig，1983）、艾伦和盖尔（Allen & Gale，2004）以及法里等（Farhi et al.，2009）的分析类似，本章首先将影子银行引入一个只有单一类型消费品而没有货币的标准金融中介模型。经济没有信贷风险，但可能遭受流动性冲击。在模型中，投资发生在第0天，产出在第2天实现；然而，一些消费者可能会在第1天受到偏好冲击而变得不耐心。商业银行向消费者提供活期存款合同，并受准备金监管的约束，要求他们持有存款一定比例的准备金。相比之下，影子银行不受准备金监管的限制，可以进行更多投资，但影子银行证券的流动性低于存款。

与法里等（2009）的研究类似，在知道自己在第1天的类型后，所有消费者都可以进入一个私人市场，在私人市场上，不耐心的消费者可以抵押他们在第2天的债权，以换取第1天的消费品。本章假定影子银行证券在私人市场上的可抵押性较低，即影子银行证券的抵押品折扣率为正，而存款的抵押品折扣率为零，从而刻画影子银行证券较差的流动性。也就是说，影子银行证券转换为消费品的难度较高（Brunnermeier & Pedersen，2009）。

与提供存款合约的商业银行相比，影子银行可以绕过准备金监管进行更多投资，因此可以提供更高的长期回报。然而，由于流动性不足，影子银行证券的短期回报率较低。基于这种权衡，消费者将其禀赋分配给商业银行和影子银行。较高的准备金监管对商业银行施加了更严格的约束，从而使影子银行更具吸引力。当法定准备金率低于某一阈值时，均衡中只存在商业银行，社会资源分配与法里等（2009）的研究相同。当法定准备金率高于阈值时，均衡中会出现影子银行。此时，均衡的特征是商业银行和影子银行并存，存款和影子银行证券在均衡时为消费者提供相同的期望效用。

影子银行的存在使准备金监管失效。在只有商业银行存在的均衡状态下，较高的准备金率迫使商业银行持有更多的准备金，增加了向没有耐心的消费者提供的流动性，从而提高了社会福利。然而，随着准备金率的提高，影子银行变得更具吸引力。因此，较高的准备金率会对第1天的流动性供应总量产生两种影响：一方面，不耐心的消费者可以从每单位存款中获得更多流动性，从而缓解流动性短缺问题；另一方面，较高的准备金率会促使更多资金流入影子银行，从而加剧流动性短缺问题，因为影子银行证券的流动性较低。本章发现第二种效应占主导地位：存款额减少的负面效应大于每单位存款所提供的流动性增加的正面效应。因此，在商业银行和影子银行并存的均衡情况下，较高的准备金率会减少流动性的提供并加剧过度投资问题。

这一结果对准备金监管具有重要政策含义。在影子银行存在的情况下，旨在改善流动性供给的高准备金率要求可能反而会加剧流动性短缺和过度投资问题，因为流动性不足的影子银行证券会替代存款。这与资本要求在影子银行存在的情况下可能产生意外后果的结果相呼应（Plantin，2015）。本章证明，类似的结果也适用于准备金监管。因此，监管机构可能应该在统一的框架内监管商业银行和影子银行。

商业银行的最优准备金率取决于影子银行证券的流动性。当影子银行证券流动性很低时，最优准备金率与法里等（2009）研究的无影子银行情况相同，影子银行不会在均衡中出现。然而，当影子银行证券具有足够的流动性时，同样的最优准备金率会导致影子银行产生。此时将准备金率设定为影子银行刚刚出现时的临界水平将有助于经济实现次优资源配置。

本章还研究了影子银行证券流动性的变化如何影响均衡配置。影子银行证券的流动性在实践中备受关注。首先，金融科技的发展大大提高了影子银行证券的流动性。例如，货币市场共同基金（MMMF）可以在更短的时间内以更便捷的方式赎回。

其次，2008 年全球金融危机以来的扩张性货币政策在很大程度上改善了市场上所有资产的流动性。影子银行证券流动性的提高有两方面的影响：一方面，流动性的改善增加了影子银行证券的吸引力，减少了第 1 天的总流动性供给（"流动性规模"效应）；另一方面，影子银行证券流动性的改善意味着影子银行证券抵押品折扣率的降低，这增加了第 1 天私人市场上影子银行证券的供应，使其价格下降，因此在第 1 天持有流动性更有价值，从而增加了存款的吸引力（"流动性价值"效应）。

提高影子银行证券流动性的净效应随准备金率的不同而变化。当准备金率相对较低时，影子银行部门的市场份额较小，影子银行证券流动性的改善对私人市场流动性的影响较小。因此，"流动性规模"效应占主导地位，影子银行的市场份额越大，流动性供给越少，流动性短缺问题越严重。相反，当准备金率非常高时，影子银行部门的市场份额非常大，流动性的变化会对私人市场的流动性价值产生重大影响。因此，"流动性价值"效应占主导地位，商业银行由此获得更大的市场份额，从而可以提供更多的流动性，流动性短缺问题得到缓解。

最后，本章通过引入货币扩展了实物模型，并研究了货币如何影响影子银行经济。本章引入了一种新的计价商品作为货币，它不能在第 0 天进行投资。消费者在第 0 天既拥有消费品，也拥有货币。所有合约都以货币而非消费品计价。此时，计价商品充当外部货币，商业银行存款充当内部货币。影子银行的证券不能直接用作支付媒介。

本章以实际商品经济中商业银行和影子银行共存的参数空间为基准，重点研究货币、商业银行和影子银行之间的相互作用。引入货币有两个效应。第一个效应是，引入外部货币事实上相当于放松了准备金率。在实物经济中，商业银行只能使用消费品来满足准备金率要求。但在名义经济中，商业银行可以利用新引入的外部货币来满足准备金率要求，然后投资更多的消费品,这实质上放松了准备金率约束。实际价值较高的外部货币可以更有效地放松准备金率,因为可以释放更多的消费品储备。这种效应如何改变流动性供给,取决于影子银行是否存在于均衡状态,而这最终取决于外部货币的实际价值。当外部货币的实际价值较低时,有效的准备金率仍然相对较高,影子银行就会存在。那么,引入货币,通过放松准备金率的约束,可以缓解监管套利问题,增加流动性供给,减少过度投资。相反,当外部货币的实际价值较高时,有效准备金率较低,影子银行就会消失。那么,通过放松准备金率来引入货币,将导致流动性供给恶化,过度投资增加。这一效应也意味着影子银行的规模与外部货币的实际价值负相关。货币贬值将加剧监管套利问题,导致影子银行部门规模扩大。

第二个效应是,引入具有实际价值的外部货币直接为消费者提供了额外的流动性。不耐心的消费者可以在第1天利用货币禀赋购买额外的消费品。在第1天,对消费品需求的增加会使在第0天保留准备金而不是使投资更有利可图。因此,商业银行倾向于向不耐心的消费者提供更多的流动性。这种效应总是增加流动性供给,减少过度投资,提高资源配置效率。

由于第二种效应总是正的,引入货币的净效应取决于第一种效应的符号。当外部货币的实际价值较小时,商业银行和影子银行并存,第一种效应也是正的。流动性供给随着外部货币实际价值的增加而增加。这一结果意味着,当商业银行和影子银行同时存在于实物经济和名义经济中时,从流动性角度来看,引入名义货币是有利的。

随着外部货币实际价值的增加,影子银行会在准备金率保持约束的情况下消失。第一种效应变为负效应。一般来说,在这个范围内,引入货币的净效应是模糊的。然而,可以证明,当消费者的相对风险厌恶程度不是很高时,第一种效应会主导第二种效应,流动性供给会随着外部货币实际价值的增加而减少。这是因为，当消费者的风险厌恶程度不高时，他们对消费平滑重视程度较低。因此，为了吸引消费者，一旦外部货币实际价值提高，准备金率进一步放宽，商业银行就会选择增加投资。

当外部货币的实际价值进一步增加时，准备金率就变得没有约束力。因此，第一种效应消失了，只剩下第二种效应，即流动性供给总是随着货币实际价值的增加而增加。特别是当货币的实际价值足够大时，不耐心的消费者就不再受到流动性约束，消费品的社会最优配置就可以实现。

本章的主要贡献如下。一是本章首次研究了影子银行如何通过流动性提供渠道影响社会福利。二是鉴于影子银行与商业银行在流动性方面的联系，本章的分析表明了影子银行监管与商业银行监管之间协调的重要性。法里等（2009）提出，在影子银行存在的情况下，准备金率会失效，因为影子银行可以提供更高的回报，而商业银行存款的回报则较低。三是本章表明，提高影子银行证券的流动性会加剧监管套利问题。四是本章首次证明了货币在同时存在商业银行和影子银行的经济环境中的作用。特别是，本章证明了影子银行会随着外部货币价值的增加（减少）而消失（出现）。

2.2
理论模型

2.2.1　模型设定

考虑一个有三天($t \in \{0,1,2\}$)和三类经济主体的单一商品经济体：测度为 1 的连续个消费者、连续个商业银行和连续个影子银行。商品只有一种，既可以用于消费，也可以用于投资。经济体有一种长期生产技术，在第 0 天每投资 1 个单位的商品，就能在第 2 天生产 $R > 1$ 个单位的商品。所有经济主体都可以储存商品，只有商业银行和影子银行可以使用生产技术。提前清算项目的代价很高。如果1个单位的长期投资在日期1提前清算，企业可以获得 ν 单位商品的剩余价值，其中 $0 < \nu < 1$。

在第0天，消费者事前是同质的，每个消费者都拥有1个单位的消费品。在第1天，个体性的偏好冲击出现，每个消费者随机成为不耐心或者耐心的消费者。假设概率为 λ 的消费者变得不耐心，急需在第1天消费（用类型 $\theta = i$ 表示）；概率为 $1 - \lambda$ 的消费者变得耐心（用类型 $\theta = p$ 表示）。消费者的效用取决于他在第1天、第2天的商品消费和他的类型。假设消费者的效用满足以下形式：

$$ U = \begin{cases} U(c_1 + \varphi c_2), & \theta = i \\ U(c_1 + c_2), & \theta = p \end{cases} $$

其中，c_t 是他在日期 $t \in \{1,2\}$ 的消费；$U(\cdot)$ 是一个两次连续可微、严格递增和严格凹函数，满足稻田条件（Inada conditions），即 $U'(\cdot) > 0$、$U''(\cdot) < 0$、$U'(0) = +\infty$、$U'(\infty) = 0$。与戴蒙德和迪布韦克（1983）一样，本章假定相对风险厌恶大于1，也就是说，$-\dfrac{U''(c)c}{U'(c)} > 1$，$\forall c$，这就确保了流动性冲击的规模足以导致社会资源配置无效率。$\varphi \in [0,1)$ 衡量了一个不耐心的消费者由于其偏好和生产技术之间的不匹配而受到流动性冲击的影响：虽然他偏好在第1天消费，但效率更高的技术只能在第2天产生出。而耐心的消费者则第1天和第2天的消费之间无差异。为简单起见，本章假设 φ 足够小，这意味着偏好冲击足够大。

由于消费者无法自己进行生产，他们需要通过商业银行或影子银行进行投资。消费者可以将商品存入商业银行，然后商业银行利用这些商品进行投资。虽然消费者变得不耐心的概率 λ 是公共信息，但每个消费者在冲击发生后的类型却是私人信息。因此，银行不能以消费者的真实类型为条件进行支付。本章假设商业银行提供活期存款：对于每个单位的商品，商业银行提供一个合约（d_1，d_2），其中规定了以消费者决定取款的时间为条件的报酬 d_1，也就是说，如果消费者在第 1 天取款，他将获得 d_1；如果他在第 2 天取款，他将获得 d_2。模型允许消费者在第 1 天支取一部分存款，剩余存款在第 2 天提取。

此外，消费者还可以购买影子银行发行的证券，如现实中的资产支持证券（ABS）或抵押贷款支持证券（MBS），然后影子银行再用所得资金进行投资。与银行存款不同，影子银行的证券只在第 2 天到期，不能在第 1 天提取。然而，在第 1 天，如果一些消费者变得不耐心，他们可以在一个私人市场上抵押他们在第 2 天对影子银行证券的索偿权，以换取第 1 天的消费品。这一假设反映了许多影子银行证券在任何时候都不能提前支取或赎回的事实。[1]

在第 1 天，与法里等（2009）的研究类似，本章假定消费者在知道自己的类型后，可以进入一个私人市场，在该市场上，消费者可以抵押其持有的影子银行资产，以换取第 1 天的消费品；或者以市场利率 $\tilde{d}$ 借贷给这些需要消费品的借款人。消费者既可以抵押其对影子银行证券的债权，也可以抵押其对商业银行存款的债权。在这种情况下，理解私人市场活动的最佳方式就是从存款账户或基于货币市场共同基金账户开支票。请注意，所有经济主体都可以使用存储技术，因此在任何均衡中，$\tilde{d}$ 都不可能小于 1。

在本章的模型中，商业银行受制于存款准备金率的约束，而影子银行则不受准备金率的约束。为了维持存款的"无问题性"属性（Holmstrom，2015；Gorton，2016）并获得央行最后借款人的承诺，商业银行必

---

[1]   另一种假设是影子银行在第 0 天和第 1 天都发行一期短期影子银行证券。在第 1 天，一些耐心的消费者可能会选择将影子银行证券展期，影子银行会将利息计入他们的账户。然后，影子银行出售一些贷款来筹集资金，以偿还其余没有展期的消费者（不耐心的消费者）。这一替代假设等价于正文中的假设，因为当影子银行证券是长期证券且不能提前支取时，其价值等于第 1 天的资产价值。

须遵守监管机构提出的法定准备金率要求。监管机构将法定准备金率设定为 l，这意味着对于每单位存款，商业银行需要持有 l 单位的商品作为流动性储备，并且最多可以投资 $1-l$ 单位的商品。商业银行在第 1 天将其所有流动性储备用于支付储户，因此法定准备金率约束可写作：

$$1 - I^B \geq l \tag{2-1}$$

其中，I^B 是商业银行的投资比率，$1 - I^B$ 等于第 1 天向储户支付的总额。

相比之下，影子银行经营的业务与商业银行类似，但受到的监管较少。在本章的模型中，考虑了一个极端情况，即影子银行完全不受准备金率的限制，因此它们可以把从投资者那里募集到的所有商品用于投资。由于影子银行市场是竞争性的，影子银行的利润为零。因此，影子银行每投资 1 单位的商品到影子银行证券，就需要在第 2 天向投资者支付 R 单位的商品。

绕过准备金率约束是一把"双刃剑"。由于影子银行无法利用存款保险等安全保障，影子银行证券的流动性通常低于存款。例如，从货币市场共同基金账户取款往往要比从存款账户取款花费更多时间，或者有额度限制。出售证券化资产可能需要更长的时间和更多的成本。本章通过假定商业银行存款和影子银行证券的债权抵押能力不同来刻画影子银行证券较低的流动性。以存款债权抵押借款时没有抵押品折扣率，而以影子银行证券债权抵押借款时则有 $1-\alpha$ 的抵押品折扣率。也就是说，当消费者在第 1 天以现值为 1 单位的影子银行证券做抵押时，他只能借到 α 单位的商品。影子银行证券较低的可抵押性反映了影子银行证券较低的流动性。

私人市场提供了一个套利渠道，储户可以自由地将任何数额的两天的存款兑换成商品。因此，在第 2 天取款的现值 $\dfrac{d_2}{d}$ 必须等于在第 1 天取款的价值 d_1。换句话说，考虑到私人市场的利率 $\tilde{d}$，银行必须提供满足以下条件的合约：

$$d_1 = \frac{d_2}{\tilde{d}} \tag{2-2}$$

为了说明这一点，如果 $d_1 > \frac{d_2}{\tilde{d}}$，那么耐心的消费者会提前提取所有

存款，并在私人市场上投资，以赚取 $d_1 \tilde{d} > d_2$；如果 $d_1 < \frac{d_2}{\tilde{d}}$，那么不耐心

的消费者就不会在第 1 天提取 d_1，而是在私人市场上将存款进行抵押，

以换取 $\frac{d_2}{\tilde{d}}$。

经济的时间轴如下。

第 0 天：中央银行设定法定准备金率为 l。影子银行向消费者发行影子银行证券。消费者将其商品的 x 比例存入商业银行，并用其商品的 $1-x$ 比例购买影子银行证券。然后，商业银行和影子银行进行投资。

第 1 天：消费者的偏好冲击实现。不同类型的消费者抵押其债权，以在私人市场上交换第 1 天的消费品。商业银行根据存款合同向前来取款的储户付款。

第 2 天：长期投资回报实现。商业银行和影子银行用投资收益支付给持有债权的消费者。消费者消费商品，然后经济活动结束。

2.2.2 消费者的优化问题

1. 消费者在第 1 天的决策

在知道自己的类型 θ 之后，消费者在私人市场上选择借出或借入的金额，以实现效用最大化。本章假设 φ 足够小，以至于不耐心的消费者总是希望在第 1 天消费。消费者可以提取部分存款，并在私人市场上交换

剩余的存款。然而，考虑到式（2-2），不耐心的消费者会认为在第 1 天提取所有存款是最优选择。此外，不耐心的消费者会在私人市场上抵押其持有的所有影子银行证券。因此，一个不耐心的消费者要求解以下优化问题：

$$\max_{c_1^i, c_2^i} U(c_1^i + \varphi c_2^i)$$

$$\text{s.t.} \quad c_1^i = d_1 x + \frac{R}{\tilde{d}} \alpha (1 - x)$$

$$c_2^i = R(1 - \alpha)(1 - x) \qquad (2-3)$$

其中，x 是消费者投资组合中的存款份额，$1 - x$ 是影子银行证券的份额，这些份额在第 0 天已经确定。

另一方面，一个耐心的消费者总是倾向于在第 2 天消费，因为 $\tilde{d} \geqslant 1$，他会在私人市场上借出他在第 1 天拥有的所有消费品。和不耐心的消费者一样，他可以提前取出存款在私人市场上投资，然后在第 2 天取出剩余的存款。同样地，考虑到式（2-2），这两种选择在第 2 天都会提供相同的收益 $d_2 = d_1 \tilde{d}$。此外，他会等到长期项目到期后再从影子银行证券中获得收益。因此，在给定存款份额 x 的情况下，一个耐心的消费者要求解以下优化问题：

$$\max_{c_1^p, c_2^p} U(c_1^p + c_2^p)$$

$$\text{s.t.} \quad c_1^p = 0$$

$$c_2^p = d_2 x + R(1 - x) \qquad (2-4)$$

不耐心的消费者和耐心的消费者之间的区别在于，不耐心的消费者在均衡状态下不会在第 2 天取款，而耐心的消费者在影子银行存在的情况下会提前支取一些存款，因为影子银行是私人市场上流动性的提供者。给定存款份额 x、抵押率 α 和市场利率 $\tilde{d}$，不耐心的消费者在私人市场上对资金的总需求将是 $\lambda(1 - x)\alpha \dfrac{R}{\tilde{d}}$。耐心的消费者可以满足这一需求，他们会提前支取其存款中的 ϕ 份额，从而导致资金的总供给为 $(1-\lambda)x\phi d_1$。换句话说，市场出清要求：

$$\lambda(1-x)\alpha\frac{R}{d}=(1-\lambda)x\phi d_1 \qquad (2-5)$$

因此，只要商业银行和影子银行共存（$x<1$），提前支取存款的份额 ϕ 就不会为零。

2. 消费者第 0 天在商业银行和影子银行之间的选择

在第 0 天，给定预期市场利率 $\tilde{d}$ 和存款合约 (d_1,d_2)，消费者在存款和影子银行证券之间分配财富，以实现事前期望效用最大化，即求解以下优化问题：

$$\max_{x\in[0,1]}\lambda U(c_1^i+\varphi c_2^i)+(1-\lambda)U(c_1^p+c_2^p)$$

$$\text{s. t.}\quad (c_1^i,c_2^i)\text{是优化问题式}(2-3)\text{的解}$$

$$(c_1^p,c_2^p)\text{是优化问题式}(2-4)\text{的解} \qquad (2-6)$$

其中，x 是投资于存款的商品份额。

2.2.3　商业银行和影子银行的优化问题

给定预期的市场利率 $\tilde{d}$，商业银行竞争性地提供一份存款合同 (d_1,d_2)，并投资 I^B 以实现利润最大化，条件是该合同提供的期望效用必须不小于均衡中其他银行提供的合同的效用。该问题的对偶形式更为简单，即商业银行在预算约束下最大化消费者在第 0 天的事前期望效用。

注意，考虑到无套利条件式（2-2），消费者的事前期望效用会随着短期收益率 $d_1=\dfrac{d_2}{\tilde{d}}$ 的增加而增加。因此，商业银行的优化问题与消费者的效用函数无关，其目标仅仅是在准备金率条件式（2-1）、无套利条件

式（2-2）和预算约束的限制下，提供尽可能高的短期收益 d_1：[①]

$$\max_{I^B} d_1$$

$$\text{s. t.} \quad 1 - I^B \geq l, d_1 = \frac{d_2}{\tilde{d}}$$

$$[\lambda + (1 - \lambda)\phi]d_1 \leq 1 - I^B$$

$$(1 - \lambda)(1 - \phi)d_2 \leq RI^B \qquad (2-7)$$

其中，第一个约束是准备金率约束［式（2-1）］，第二个约束是无套利条件［式（2-2）］，第三个和第四个约束是第1天和第2天的预算约束。此外，I^B 表示商业银行在第0天对每单位商品存款的长期生产技术投资，ϕ 表示均衡时耐心的消费者提前支取存款的部分。由于不存在总体不确定性，商业银行可以理性地预期 ϕ。

预算约束可以合并为一个约束：

$$[\lambda + (1 - \lambda)\phi]d_1 + \frac{(1 - \lambda)(1 - \phi)d_2}{R} \leq 1 \qquad (2-8)$$

这表明商业银行负债的现值不会大于资产的现值。

对于影子银行来说，它们的决策问题很简单。由于影子银行市场也是竞争性的，影子银行将获得零利润。因此，对于投资于影子银行证券的每单位商品，影子银行在第2天向投资者支付 R 单位的商品。

2.2.4　社会最优资源配置

由于商业银行和影子银行的利润为零，社会福利以消费者事前的期望效用来衡量：

$$\lambda U(c_1^i + \varphi c_2^i) + (1 - \lambda)U(c_1^p + c_2^p) \qquad (2-9)$$

---

① 在第1天和第2天之间的储存是低效的，因为银行可以通过在第0天投入更多的货物来获得更多的产出。

用 I 表示经济的总投资比率。分配必须满足以下预算约束：

$$\lambda c_1^i + (1 - \lambda) c_1^p \leqslant 1 - I$$

$$\lambda c_2^i + (1 - \lambda) c_2^p \leqslant RI$$

社会最优资源配置满足 $c_1^i = \dfrac{1 - I}{\lambda}$、$c_2^p = \dfrac{RI}{1 - \lambda}$、$c_2^i = c_1^p = 0$，其中最优投资比率 I^* 满足：

$$U'\left(\frac{1 - I^*}{\lambda}\right) = RU'\left(\frac{RI^*}{1 - \lambda}\right) \qquad (2-10)$$

由于相对风险厌恶程度大于 1，所以 $I^* < 1 - \lambda$。最优流动性储备满足 $1 - I^* > \lambda$，这意味着 $c_1^i > 1$ 和 $c_2^p < R$。

2.3
竞争均衡

2.3.1　均衡定义

本章将对称竞争均衡定义如下。

定义 2.1　准备金率 l 下的竞争性均衡是一个包括消费集（c_1^θ, c_2^θ）$_{\theta \in \{i,p\}}$、一个具有短期和长期存款利率的存款合同（d_1, d_2）、消费者投资组合中的存款份额 x、耐心的消费者提前支取的存款比例 ϕ，以及第 1 天时私人市场上的利率 $\tilde{d}$ 的集合。从而使得：

（1）给定 ϕ、$\tilde{d}$ 和 l，每家商业银行选择（d_1, d_2）以最大化短期回报 d_1，同时满足预算约束式（2-8）、激励兼容约束式（2-2）和准备金率要求式（2-1）；

（2）给定 $\tilde{d}$ 和存款合约（d_1, d_2），不耐心的消费者选择的（c_1^i, c_2^i）是式（2-3）的解，耐心的消费者选择的（c_1^p, c_2^p）是式（2-4）的解；

（3）消费者选择的 $\{(c_1^{\theta}, c_2^{\theta})_{\theta \in \{i,p\}}, x\}$ 是式（2-6）的解；

（4）提前支取存款的部分 ϕ 使得私人市场清算条件式（2-5）成立。

前三个条件描述了银行和消费者的最优行为。最后一个条件是市场出清条件，即不耐心的消费者的借入总额必须等于耐心的消费者的借出总额。由于 I^B 表示商业银行对消费品的投资比例，经济的总投资为 $I = xI^B + (1-x)$。

2.3.2　均衡性质

本节将对前文定义的竞争性均衡进行刻画。在均衡中，私人市场的利率 $\tilde{d}$ 必须满足 $\tilde{d} \leqslant R$。这是因为，如果 $\tilde{d} > R$，商业银行和影子银行都会保留所有商品并在私人市场上放贷，而不会在第0天将任何商品投资于长期投资技术。然而，如果没有长期投资，在第2天就没有足够的商品来偿还私人市场上的贷款。

给定私人市场上的利率 $\tilde{d}$ 和耐心消费者提前取款的比例 ϕ，引理 2.1 描述了存款合同的特征。

引理 2.1　最优合同满足：

$$d_1 = l + \frac{R}{\tilde{d}}(1-l) \text{ 和 } d_2 = d_1 \tilde{d}$$

此外，当 $\tilde{d} \leqslant R$ 时，有 $d_1 = \dfrac{l}{\lambda + (1-\lambda)\phi}$；反之，当 $\tilde{d} = R$ 时，有 $d_1 \geqslant$

$\dfrac{l}{\lambda + (1-\lambda)\phi}$。

证明：见本章附录 A。

直观地看，由于商业银行必须满足准备金率，当长期投资技术 R 的收益严格高于私人市场利率 $\tilde{d}$ 时，商业银行将最大限度地减少持有的准备金，以最大限度地利用投资技术；而当两者收益相等时，商业银行持有的准备金可能多于准备金率要求。

由于 $\tilde{d} \le R$，只要准备金率严格为正，长期存款回报率 $d_2 = \tilde{d}l + R(1-l)$ 就会小于 R。另外，影子银行直接提供的长期回报为 R，但当消费者第 1 天在市场上出售影子银行证券时，短期回报会受到抵押品折扣率约束。消费者由此在银行存款和影子银行证券之间选择最优的投资组合。

当准备金率足够小时，商业银行不会受到约束。在这种情况下，由于商业银行可以发行完全可质押的证券，商业银行存款总是优于影子银行证券，均衡时只有商业银行存款存在。定理 2.1 描述了这种均衡的特征。

定理 2.1　当 $l < \lambda$ 时，均衡满足如下性质：

（1）私人市场利率：$\tilde{d} = R$；

（2）商业银行的市场份额：$x = 1$，即不存在影子银行；

（3）提前支取存款的比例 $\phi = 0$；

（4）存款合同：$d_1 = 1$ 且 $d_2 = R$；

（5）消费：$c_1^i = 1$，$c_2^i = 0$，$c_1^p = 0$，$c_2^p = R$。

证明：见本章附录 B。

为了理解定理 2.1，考虑没有监管的极端情况，即 $l = 0$。直观地说，当没有准备金率时，私人市场上第 1 天的利率 $\tilde{d}$ 必须等于长期投资技术的收益 R。这是因为对于任何 $\tilde{d} < R$ 的情况，所有商业银行都会在第 0 天将所有商品投资于长期投资技术，以使得存款现值最高。然而，由于私人市场的流动性短缺，准备金不足，$\tilde{d}$ 会被推向更高的水平。因此，只有 $\tilde{d} = R$ 才能达到均衡。

在这种情况下，影子银行证券提供与存款相同的长期回报，但由于流动性较差，短期回报较低。因此，影子银行证券严格劣于银行存款，无法在均衡中存在，从而导致 $x=1$。金融体系提供的流动性为：

$$x[\lambda + (1-\lambda)\phi]d_1 = \lambda c_1^i = \lambda$$

每个不耐心的消费者消费 1 个单位的商品，每个耐心的消费者消费 R 个单位的商品。这是杰克林（Jacklin，1987）在存在私人市场的情况下得出的标准结果。[①] 由于私人市场的存在，风险分担受到限制，流动性保险不足。因此，社会福利低于社会最优配置。

由于商业银行自愿持有 λ 单位的准备金，任何低于 λ 的准备金率都是无效的，不会影响资源配置。当准备金率高于 λ 时，准备金率将影响均衡配置。定理 2.2 描述了有效准备金率下的均衡。

定理 2.2　给定 α，存在一个阈值 $\hat{l}$，使得：

（1）当 $\lambda \leq l < \hat{l}$ 时，均衡满足：

① 商业银行的市场份额：$x=1$，即不存在影子银行；

② 提前支取存款的比例 $\phi = 0$；

③ 消费：$c_1^i = \dfrac{l}{\lambda}$、$c_2^i = 0$，$c_1^p = 0$、$c_2^p = \dfrac{R(1-l)}{1-\lambda}$；

④ 私人市场利率：$\tilde{d} = \dfrac{\lambda R(1-l)}{(1-\lambda)l}$；

⑤ 存款合同：$d_1 = \dfrac{l}{\lambda}$。

（2）当 $l \geq \hat{l}$ 时，商业银行和影子银行共存，均衡满足：

① 商业银行的市场份额：$x = \dfrac{\lambda R\alpha}{(1-\lambda)\tilde{d}l - \lambda R(1-l-\alpha)}$；

② 提早提取存款的部分 $\phi = \dfrac{(1-\lambda)\tilde{d}l - \lambda R(1-l)}{(1-\lambda)[\tilde{d}l + R(1-l)]}$；

③ 消费：$c_1^i = x\dfrac{l}{\lambda}$、$c_2^i = R(1-\alpha)(1-x)$，$c_1^p = 0$、$c_2^p = \dfrac{Rx(1-l) + (1-x)R[\lambda\alpha + (1-\lambda)]}{1-\lambda}$；

---

① 类似的均衡分配也可参见赫尔维格（Hellwig，1994）、艾伦和盖尔（2004），以及法里等（2009）的研究。

④ 私人市场利率满足：$\lambda U'(c_1^i + \varphi c_2^i)\left[l + \dfrac{R}{\tilde{d}}(1 - l - \alpha) - \varphi R(1 - \alpha) \right] =$

$(1 - \lambda) U'(c_1^p + c_2^p)(R - \tilde{d})l$；

⑤ 存款合同：$d_1 = l + \dfrac{R}{\tilde{d}}(1 - l), d_2 = d_1 \tilde{d}$。

证明：见本章附录 C。

如定理 2.1 所述，当准备金率低于 λ 时，准备金率不具有约束力，不会改变商业银行的自发决策；当准备金率高于 λ 时，它就变成了一个有约束力的约束。然而，具有约束力的准备金率并不一定允许影子银行的存在。定理 2.2 表明，存在一个决定影子银行是否存在的准备金率阈值。当准备金率低于阈值 $\hat{l}$ 但高于 λ 时，均衡中只有商业银行存在，准备金率实际上使商业银行持有更多的流动性。社会资源配置与准备金监管的作用都与法里等（2009）的配置相同。当准备金率高于阈值 $\hat{l}$ 时，商业银行和影子银行共存。

与法里等（2009）的观点一致，定理 2.2 的第（1）条表明，在私人市场存在的情况下，准备金率监管可以纠正流动性保险不足的问题，因为它要求所有银行持有更多的流动性，从而降低私人市场的利率，使银行能够提供社会最优的存款合同。然而，在现实中，金融创新帮助影子银行绕过准备金监管，使得准备金率监管失效，因为影子银行又可以在私人市场上提供高利率，商业银行的存款又会受到限制。定理 2.2 的第（2）条说明了这一点。

定理 2.2 的经济学直觉如下。当准备金率高于 λ 时，商业银行必须保持超过 λ 单位的准备金，并降低存款的长期收益，这使得短期收益 d_1 高于 1，长期收益 d_2 低于 R。通过选择商业银行存款，不耐心的消费者的福利改善了，因为存款具有更好的流动性，可以帮助他们在第 1 天获得更多的商品消费。然而，对于耐心的消费者，他们从存款中获得的长期回报较低。相比之下，通过投资影子银行证券，耐心的消费者可获得较高的长期回报，但不耐心的消费者则会面临更大的流动性问题。当准备金率仅略高于 λ（且低于某个临界值 $\hat{l}$）时，准备金监管对商业银行的约束并不十分严格，因此存款仍然严格优于影子银行证券。

随着准备金率越来越高，对商业银行的约束也越来越严格。与流动性损失相比，绕过监管的收益变得足够大，因此影子银行在均衡中出现，均衡中商业银行和影子银行并存。在这种情况下，商业银行和影子银行必须为消费者提供相同的期望效用。这一条件可以确定私人市场的均衡利率 $\tilde{d}$，因为较高的私人市场利率会增加持有准备金的收益，降低第 2 天收益的现值，从而使存款更具吸引力，影子银行证券的吸引力降低。私人市场的均衡利率 $\tilde{d}$ 使得消费者在存款和影子银行证券之间无差异。

最后，由于影子银行证券在第 1 天不提供收益，不存在只有影子银行而没有商业银行的均衡。具体而言，由于 $\tilde{d} \leqslant R$，短期回报 $d_1 = l + \dfrac{R}{\tilde{d}}(1-l) \geqslant 1$。因此，商业银行在提供流动性方面占优。另一方面，如果消费者成为耐心的消费者，也对流动性有需求，这样他们才能在私人市场上购买影子银行的证券，这就产生了对作为流动性资产的存款的需求。

2.3.3　比较静态分析

本节进行比较静态分析，以帮助理解影子银行的存在对经济的影响。在本章的模型中，经济由准备金率 l 和影子银行证券的流动性（以其可抵押性 α 衡量）来决定，本节将分析它们对资源配置的影响。本节首先研究私人市场利率受到 $\tilde{d}$ 的影响，该利率决定了长期投资在第 1 天的市场价格；随后研究参数对流动性供给 $\mathcal{L}$ 的影响：$\mathcal{L} = x\left[\lambda + (1-\lambda)\phi\right]d_1 = xl$，它衡量了第 1 天的流动性供给；最后讨论商业银行的份额 x 受到参数的影响，因为它衡量了金融市场的结构。

1. 准备金率对均衡的影响

本节首先考察准备金率 l 对均衡的影响。特别地，本节关注准备金率有效的情况，即 $l \geq \lambda$。

定理 2.3　给定 α，

（1）当 $\lambda \leq l < \hat{l}$ 时，

① 流动性供给 $\mathcal{L} = l$，随准备金率递增；

② 商业银行的市场份额 $x = 1$，与准备金率无关；

③ 私人市场利率 $\tilde{d}$ 随准备金率递减。

（2）当 $l \geq \hat{l}$ 时，

① 流动性供给 $\mathcal{L} < l$，且随准备金率递减；

② 商业银行的市场份额 x 随准备金率递减。

证明：见本章附录 D。

定理 2.3 表明，影子银行的存在会显著改变准备金率对经济的影响。当只有商业银行时，商业银行的市场份额 x 等于 1，因此以准备金总额衡量的流动性供给等于监管机构设定的准备金率 l。较高的准备金率要求商业银行持有更多的准备金，从而增加了在第 1 天向不耐心的消费者提供的流动性。因此，不耐心的消费者受到的流动性约束减少，消费者的消费平滑得到改善。社会福利因此得到改善。此外，提高准备金率也会增加私人市场上第 1 天的商品供给，减少第 2 天的商品供给，从而降低私人市场利率 $\tilde{d}$。

然而，在存在影子银行的情况下，提高准备金率可能会导致意想不到的结果。当影子银行存在时，较高的准备金率虽然会使商业银行向不耐心的消费者提供更多的流动性，但同时也会产生更严重的监管套利，因为在较高的法定准备金率下，影子银行更具吸引力。因此，较高的准备金率会对第 1 天的流动性供应总量（xl）产生两种影响：一方面，不耐心的消费者可以从每单位存款中获得更多的流动性，从而缓解流动性短缺问题（l 更高）；另一方面，较高的法定准备金率会促使更多资金流入影子银行，减少商业银行的市场份额（x 更低），从而加剧流动性短缺问题。

定理 2.3 表明第二种效应占主导地位。也就是说，更高的准备金率（l）会减少流动性供给（xl）。这一结论的经济学直觉如下。由于影子银行证券在第 1 天不提供任何流动性，存款是第 1 天唯一的流动性来源。影子银行证券的长期收益是固定的（R），短期收益取决于私人市场的利率。私人市场上较低的利率（$\tilde{d}$）意味着同样数量的影子银行证券可以在第 1 天获得更多的流动性，这使得影子银行证券更具吸引力。

如果流动性供给总量（xl）保持不变，那么私人市场上的流动性供给不变，长期投资项目的总投资（$1-xl$）也不变。然而，由于影子银行的市场份额（$1-x$）增加，影子银行证券因抵押品折扣率的限制而无法完全抵押，因此在第 1 天可抵押的第 2 天产出量减少。具体而言，对于同样的项目投资，商业银行存款可以完全抵押，而影子银行证券只能部分抵押，因此总投资中可抵押的部分变少，从而私人市场对流动性的需求降低。因此，私人市场的利率（$\tilde{d}$）将会降低，影子银行证券将更具吸引力。然而，较高的准备金率降低了存款的收益，这意味着如果总流动性供给（xl）保持不变，影子银行将比存款更具吸引力，这不可能是均衡结果，因为在影子银行和商业银行共存的任何均衡中，消费者都应该在存款和影子银行证券之间无差异。因此，总流动性供给必须降低以使得消费者在商业银行和影子银行证券之间无差异，即 xl 下降。

定理 2.3 对准备金监管政策有重要的政策含义。在存在影子银行的情况下，较高的法定准备金率虽然希望改善流动性供给，但可能反而会加剧流动性短缺问题，因为流动性较差的影子银行可以绕过监管而替代存款。这与资本要求在影子银行存在的情况下可能产生意外后果的结果相呼应（Plantin，2015）。本章说明，类似的结果也适用于准备金率监管。如果监管机构能有效监管影子银行，这种不利影响就会消失，因此本章再次强调了在统一框架下监管商业银行和影子银行的重要性。

2. 影子银行证券流动性的影响

接下来，本章研究影子银行证券流动性（以影子银行证券可抵押的比率 α 度量）的影响。

定理 2.4 法定准备金率的临界值 $\hat{l}$ 随 α 减小。给定准备金率 l，

（1）当 $\lambda \leqslant l < \hat{l}$ 时，流动性供给 $\mathcal{L}$、商业银行份额 x 和市场收益率 $\tilde{d}$ 与影子银行证券可抵押的比率 α 无关；

（2）当 $l \geqslant \hat{l}$ 时，

① 私人市场的利率 $\tilde{d}$ 随 α 递增；

② 当 l 接近 $\hat{l}$ 时，商业银行的市场份额（x）和流动性供给 $\mathcal{L}$ 随 α 递减；

③ 当 l 足够大时，商业银行的市场份额（x）和流动性供给 $\mathcal{L}$ 随 α 递增。

证明：见本章附录 E。

定理 2.4 的经济学直觉如下。首先，对于任何准备金率，随着影子银行证券可抵押性的增加，消费者都更倾向于通过影子银行进行投资。因此，影子银行开始出现的法定准备金率临界值会降低。

其次，如果没有影子银行（$\lambda \leqslant l < \hat{l}$），资源配置就不取决于影子银行的可抵押性。更有趣的情况是商业银行和影子银行共存的均衡。定理 2.4 表明，在不同的准备金监管环境下，流动性更强的影子银行证券可能会改善或降低总的流动性供给和社会福利。当准备金率相对较低时，影

子银行证券流动性的提高会减少流动性供给，加剧流动性短缺问题；当准备金率非常高时，影子银行证券流动性的改善会增加流动性供给，缓解流动性短缺问题。

直观地看，由于商业银行存款是第 1 天流动性的唯一来源，商业银行的市场份额越大，流动性供给就越高。然后，需要关注影子银行证券流动性的改善（更高的 α）如何影响商业银行的市场份额（x）和影子银行的市场份额（$1-x$）。影响有两个方面。其一，较高的影子银行流动性水平提高了影子银行证券的吸引力，从而导致影子银行在均衡状态下的市场份额增大。这种"流动性规模"效应降低了流动性供给总量。其二，影子银行证券流动性的改善意味着影子银行证券的抵押品折扣率降低，这增加了私人市场上第 2 天商品的供给。因此，私人市场的利率 $\tilde{d}$ 会提高，这使得存款更具吸引力，商业银行的市场份额也会增加。本章称之为"流动性价值"效应。

对于一般的准备金率而言，确定这两种效应的净效应较为困难。然而，当准备金率接近出现影子银行的临界值和准备金率非常高时，可以得到确定的结果。当准备金率接近临界值时，影子银行部门的市场份额非常小，α 的变化对私人市场的影响很小。因此，"流动性规模"效应占主导地位，影子银行将占据更大的市场份额，从而导致流动性供给减少，流动性短缺问题更加严重。相反，当准备金率非常高时，影子银行部门的市场份额非常大，α 的变化对私人市场的影响很大，"流动性价值"效应占主导地位，商业银行将占据更大的市场份额，从而提供更多的流动性，流动性短缺问题得到缓解。

定理 2.4 的一个重要含义是，由于不同类型资产之间的替代效应，单个资产流动性的改善未必会改善整个金融体系的流动性。例如，金融技术的进步提高了货币市场共同基金（MMMFs）的流动性，因为货币市场基金可以在更短的时间内赎回。本章的模型意味着，货币市场基金流动性的改善可能会反过来减少总的流动性供应，因为资金会进一步从存款流向货币市场基金，而货币市场基金的流动性仍然低于存款。因此，当一种资产可被影子银行用作监管套利时，旨在改善资产流动性的政策可能会产生意想不到的后果。

2.3.4　最优准备金率

本节将讨论使社会福利最大化的最优准备金率。在不存在影子银行的情况下，最优准备金率为 $l^* = 1 - I^*$，其中 I^* 为社会最优投资比率。在影子银行存在的情况下，需要将 l^* 与影子银行出现的门槛 $\hat{l}$ 进行比较。如果 $l^* \le \hat{l}$，即影子银行不会在社会最优准备金率下出现，那么 I^* 仍然可以帮助经济实现社会最优资源配置，这与法里等（2009）提出的结果类似。反之，如果 $l^* > \hat{l}$，那么影子银行在社会最优准备金率下会出现，根据定理 2.4，I^* 不再是最优准备金率，因为在影子银行存在的情况下，较高的准备金率会减少流动性供给和社会福利。因此，将准备金率设定为影子银行不会出现的临界水平，即 $l = \hat{l}$，将有助于经济实现次优资源配置。定理 2.5 总结了上述结果。

定理 2.5　社会最优准备金率为 $\min(l^*, \hat{l})$。

证明：见本章附录 F。

为了更好地说明定理 2.5 的结果，首先给出当 $l^* > \hat{l}$ 时准备金率与社会福利之间的关系（见图 2.1）。此时影子银行会在最优准备金率下出现，从而体现了影子银行对最优准备金监管的影响。可以清楚地看到，由于影子银行的出现使准备金率失效，影子银行阻碍了经济实现社会最优资源配置。在不存在影子银行最高流动性比率的要求下，均衡投资最低、社会福利最高的次优资源配置得以实现。准备金率对于社会流动性的提升作用发挥到了最大，进一步提高准备金率会导致影子银行的出现，从而是无效的，甚至会降低社会福利。

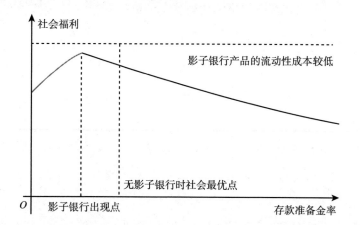

图 2.1　影子银行产品的流动性成本较低时存款准备金率和社会福利的关系
注：灰色实线表示影子银行没有出现，只存在商业银行的区间；黑色实线表示影子银行和商业银行共存的区间。

当影子银行产品的流动性成本较大时，对应于社会最优资源配置的法定准备金率下仍然不会出现影子银行，因此直接设定没有影子银行时的社会最优存款准备金率即可（见图 2.2）。

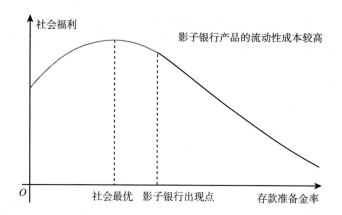

图 2.2　影子银行产品的流动性成本较高时存款准备金率和社会福利的关系
注：灰色实线表示影子银行没有出现，只存在商业银行的区间；黑色实线表示影子银行和商业银行共存的区间。

最后，推论 2.1 将给出最优准备金率是如何随长期投资技术收益率

R、流动性冲击概率 λ 和影子银行证券可抵押性 α 的变化而变化的。

推论 2.1 最优准备金率的比较静态分析如下：

（1）最优准备金率随长期投资技术的收益率 R 递增；

（2）最优准备金率随消费者变为不耐心的概率 λ 递增；

（3）如果 $l^* \leq \hat{l}$，则最优准备金率与可抵押性 α 无关，如果 $l^* > \hat{l}$，则随 α 递减。

证明： 见本章附录 G。

当长期投资技术的收益 R 增加时，会产生两种影响：一方面，投资项目的生产率更高；另一方面，生产率更高意味着第 2 天的产出更多，因此投资应该减少，以改善不耐心的消费者和耐心的消费者之间的消费平滑。由于相对风险厌恶程度较大，第二种效应占主导地位，应提高最优准备金率以减少均衡投资。此外，当偏好冲击更有可能发生时，需要更多的准备金来应对冲击，因此最优准备金率变得更高。

最后，当商业银行和影子银行共存时，最优准备金率会随着影子银行证券流动性的增加而降低。这是因为当影子银行证券的流动性增强时，消费者投资影子银行证券的动机会增强。因此，监管机构应设定较低的准备金率，以防止影子银行的出现。

2.4
引入名义货币的影子银行

到目前为止，本章都在一个实物经济中研究影子银行。然而，正如戴蒙德和拉詹（Diamond & Rajan，2006）、斯凯（Skeie，2008）、艾伦等（2014）以及刘和何（Liu & He，2022）所指出的，现代银行体系的特点是货币作为商品交换的媒介和金融合约的结算工具。因此，本章将在一个名义经济体系中研究影子银行的影响。

2.4.1　模型设定拓展

首先扩展模型设定。经济中现在有两类商品：消费商品，即前文讨论过的商品，以及一种新的货币商品。货币商品只能消费，不能投资。本章假设现在所有的合同都是以货币而不是消费品为计价单位的。现在，每个消费者都拥有 1 个单位的消费品禀赋和 1 个单位的货币禀赋。消费者不仅可以从消费商品中获得效用，还可以从消费货币中获得效用。1 单位的货币可以提供固定数量的效用 ε，持有 m 单位的货币可以带来 $m\varepsilon$ 单位的效用。因此，不耐心的消费者的效用函数为 $U(c_1 + \varphi c_2) + m_1 \varepsilon + \varphi m_2 \varepsilon$，其中 m_1 和 m_2 分别表示第 1 天和第 2 天的货币消费，耐心的消费者的效用函数为 $U(c_1 + c_2) + m_1 \varepsilon + m_2 \varepsilon$。

关于货币效用的线性假设有助于本章将名义经济与实物经济相比较。在此假设下，消费品的社会最优配置保持不变，即 $I = I^*$、$c_1 = \dfrac{1 - I^*}{\lambda}$、$c_2 = \dfrac{RI^*}{1 - \lambda}$，其中 I 是社会最优投资水平。这样，本章就可以比较实物经济和名义经济中消费品的流动性供给和配置效率。本章仍然把流动性供给 $\mathcal{L}$ 定义为不耐心的消费者在第 1 天消费的消费品。过度投资问题会导致消费品的流动性供给不足。

货币商品被普遍接受为投资品和服务交易以及偿还债务的支付媒介，因此其扮演着外部货币的角色，本章之后将直接使用"现金"来指代货币商品。在无限期模型中，持有现金带来的效用可以解释为货币的存续价值（Lagos & Wright，2005）。由于 1 单位现金能为经济中的所有经济主体提供固定数量的效用 ε，ε 反映了 1 单位现金的实际购买力。因此，在下面的讨论中，本章将把 ε 定义为现金的实际价值，它在决定资源配置方面起着重要作用。

给定私人市场在第 1 天的名义利率，商业银行在第 0 天提供短期和长期名义利率为 (D_1, D_2) 的存款合约。本章进一步假设，存款作为内部货币，也可以用来购买消费品。在第 0 天，影子银行仍然发行以货币计价的影子银行证券，这些证券在第 2 天到期，并且不能提前支取。商业银行和影子银行利用获得的货币或新发行的存款向消费者购买消费品，然后进行投资。随后，它们出售项目产出以履行支付义务。消费品在第 0 天、第 1 天和第 2 天的价格分别为 p_0、p_1 和 p_2，所有其他假设保持不变。

2.4.2　优化问题和均衡定义

1. 商业银行和影子银行的优化问题

优化问题与 2.2.3 节类似。在预算约束下，商业银行仍然最大化消费者在第 0 天的事前期望效用。给定第 1 天和第 2 天之间的毛利率 $\tilde{D}$，银行理性预期耐心的消费者提前支取存款的比例，并选择名义利率 (D_1, D_2) 以最大化名义短期利率 D_1，同时遵守无套利条件：

$$D_1 = \frac{D_2}{\tilde{D}} \tag{2-11}$$

和预算约束。由于 $\tilde{D} \geq 1$，所有现金都将在第 1 天提取并投资于私人市场。因此，商业银行的预算约束为：

第 1 天：$(1 + p_0 x)[\lambda + (1 - \lambda)\varPhi]D_1 \leq p_1 x(1 - I^B) + 1$

第 2 天：$(1 + p_0 x)(1 - \lambda)(1 - \varPhi)D_2 \leq p_2 x R I^B$ （2-12）

其中，不等式左侧表示银行的名义负债，而 $\varPhi$ 表示耐心的消费者提前支取存款的部分。为了使本章的名义模型与之前的实物模型具有可比性，本章仍然使用 x 来表示商业银行在第 0 天期末持有的实物消费品比例。由于只有商业银行需要满足准备金率监管，影子银行总是会将其所有货币用于购买消费品，初始的 1 单位货币禀赋将全部被商业银行吸收，存款总额为 $1 + p_0 x$。影子银行获得 $1 - x$ 比例的全部消费品，并投资到长期项目上。因此，商业银行在第 0 天的市场份额（以资产负债表的名义规模计算）为 $\dfrac{1 + p_0 x}{1 + p_0}$，影子银行的市场份额为 $\dfrac{p_0 (1 - x)}{1 + p_0}$。

本章仍然用 I^B 表示商业银行对消费品的投资比例，经济总投资 $I = x I^B + (1 - x)$。最后，银行受到准备金率监管的约束。中央银行会在第 0 天结束时，即商业银行进行投资后，检查准备金率是否得到满足。准备金率约束为：

$$p_0 x (1 - I^B) + 1 \geq l (1 + p_0 x) \qquad (2 - 13)$$

注意，为使得模型可比，商业银行可以使用未投资的商品来满足准备金率。由于影子银行市场是竞争性的，影子银行的利润为零。因此，每投资 1 单位的资金到影子银行证券，影子银行就会在第 0 天用所有资金购买消费品并进行投资；第 2 天影子银行出售所有投资产出，并将所有货币收益支付给投资者。

2. 消费者的优化问题

在第 1 天，每一个消费者有 λ 的概率变得不耐心。随后不耐心的消费者在私人市场上抵押所有存款和影子银行证券，以换取第 1 天的货币。与之前的讨论类似，存款的抵押品折扣率为零，而影子银行证券的抵押品折扣率为 $1 - \alpha$。不耐心的消费者会使其效用最大化：

$$V^i = U(c_1^i + \varphi c_2^i) + m_1^i \varepsilon + \varphi m_2^i \varepsilon \qquad (2 - 14)$$

预算约束为：

$$p_1 c_1^i + m_1^i = D_1 (1 + p_0 x) + \alpha \frac{1}{\widetilde{D}} p_2 R (1 - x)$$

$$p_2 c_2^i + m_2^i = (1 - \alpha) p_2 R (1 - x) \qquad (2 - 15)$$

对于任何一个消费者，其有 $1 - \lambda$ 的可能会变得耐心，并且会最大化他的效用：

$$V^p = U(c_1^p + c_2^p) + m_1^p \varepsilon + m_2^p \varepsilon \qquad (2-16)$$

预算约束为：

$$p_1 c_1^p + m_1^p + s = D_1 \eta$$
$$p_2 c_2^p + m_2^p = D_2(1 + p_0 x - \eta) + \tilde{D} s + p_2 R(1 - x) \qquad (2-17)$$

其中，η 代表在第 1 天提前支取的存款比例，s 代表私人市场上借出的资金。与实物经济类似，由于名义收益和实际收益均为非负，耐心的消费者不会在第 1 天进行消费，即 $c_1^p = m_1^p = 0$ 和 $s = D_1 \eta$。此外，无套利条件 $D_1 \tilde{D} = D_2$ 确保了耐心的消费者在提前支取和不提前支取之间是无差异的，即 $\tilde{D} s = D_1 \tilde{D} \eta = D_2 \eta$。

因此，预算约束等价于：

$$c_1^p = m_1^p = 0$$
$$p_2 c_2^p + m_2^p = D_2(1 + p_0 x) + p_2 R(1 - x) \qquad (2-18)$$

在第 0 天，消费者最大化他的期望效用：

$$\max_{x \in [0,1]} \lambda V^i + (1 - \lambda) V^p$$

s. t. $(c_1^i, c_2^i, m_1^i, m_2^i)$ 是优化问题式$(2-14)$的解 $\qquad (2-19)$

$(c_1^p, c_2^p, m_1^p, m_2^p)$ 是优化问题式$(2-16)$的解

其中，V^i 和 V^p 分别是优化问题式$(2-14)$和式$(2-16)$的值函数，通过选择存入商业银行的货币比例 $\dfrac{1 + p_0 x}{1 + p_0}$ 和投资于影子银行的货币比例 $\dfrac{p_0(1 - x)}{1 + p_0}$ 来实现。由于 p_0 在消费者看来是外生的，等同于消费者选择 x，本章将使用 x 作为消费者优化问题中的选择变量。

3. 均衡定义

定义 2.2　给定准备金率 l，竞争性均衡是一个包括资源分配$(c_1^\theta, c_2^\theta,$

$m_1^\theta, m_2^\theta)_{\theta \in \{i,p\}}$、存款合同$(D_1, D_2)$、耐心的消费者提前支取存款的比例 Φ、第0天末商业银行持有的消费品比例 x、价格(p_0, p_1, p_2)，以及第1 天私人市场的利率 $\tilde{D}$ 的集合，使得：

（1）给定(p_0, p_1, p_2)、x、$\tilde{D}$、Φ 和 l，每家商业银行选择(D_1, D_2)以最大化短期名义收益 D_1，满足预算约束式（2-12）、激励相容约束式（2-11）和准备金率式（2-13）；

（2）给定(p_0, p_1, p_2)、$\tilde{D}$ 和存款合同(D_1, D_2)，不耐心的消费者选择的$(c_1^i, c_2^i, m_1^i, m_2^i)$是优化问题式（2-14）在预算约束式（2-15）条件下的解，耐心的消费者选择的$(c_1^p, c_2^p, m_1^p, m_2^p)$是优化问题式（2-16）在预算约束式（2-18）条件下的解；

（3）消费者在第0天选择的 x 是优化问题式（2-19）的解；

（4）私人借贷市场在第1天出清；

（5）货币市场出清：$\lambda m_1^i + (1-\lambda) m_2^p = 1$。

2.4.3　引入货币的影响

本章的讨论重点是影子银行。因此，当本章研究引入货币的影响时，将只讨论商业银行和影子银行在实体经济中共存的情况。这就要求法定准备金率位于$\hat{l} < l < l^*$的范围内。此外，为了区分引入货币的影响和准备金率的影响，本章将固定准备金率，并研究均衡如何随着现金实际价值的变化而变化。

为了描述均衡的特征，本章首先提出引理2.2作为准备。

引理2.2　在任何均衡中，$p_0 = p_1$，$\tilde{D} = 1$。

证明：见本章附录 H。

引理2.2的经济学直觉如下。商业银行不会将所有商品都进行长期投资，因此在第0天，商业银行会持有一些消费品以及货币。因此，无套利条件要求持有消费品的收益（即零）必须与持有货币的收益相同。此外，在第 1 天，没有人愿意持有现金。一方面，商业银行和耐心的消费者会选择在私人市场上投资以赚取利息；另一方面，不耐心的消费者要么选择购买商品，要么选择消费货币。因此，第 1 天和第 2 天之间的净利率一定为零，即 $\tilde{D}=1$。

现在可以再次改写商业银行的两个预算约束式（2-12），用预算约束除以 $\dfrac{p_2 R}{p_1}$，得到：

$$第 1 天:(1+p_0 x)[\lambda+(1-\lambda)\Phi]D_1 \le p_1 x(1-I^B)+1$$

$$第 2 天:(1+p_0 x)\frac{1}{\dfrac{p_2 R}{p_1}}(1-\lambda)(1-\Phi)D_2 \le p_1 x I^B$$

然后，结合引理 4.2 的结果 $p_0=p_1$，可以把这两个约束条件结合起来，得到：

$$[\lambda+(1-\lambda)\Phi]D_1+(1-\lambda)(1-\Phi)\frac{D_2}{\dfrac{p_2 R}{p_1}}\le 1 \qquad (2-20)$$

商业银行通过比较长期投资技术的名义收益率 $\dfrac{p_2 R}{p_1}$ 和私人市场的名义利率 $\tilde{D}$ 来作出投资决策。当 $\dfrac{p_2 R}{p_1}>\tilde{D}$ 时，银行会尽可能多地投资于长期投资；当 $\dfrac{p_2 R}{p_1}=\tilde{D}$ 时，商业银行在投资于私人市场还是投资于长期投资之间无差异。这里可以用 $\tilde{d}=\dfrac{p_1 \tilde{D}}{p_2}$ 来定义私人市场的实际利率，并将其与长期投资技术的实际收益率 R 进行比较。

下面给出本节的主要定理 2.6，以讨论引入名义货币的效果。

定理 2.6 给定 $\hat{l}<l<l^*$，存在两个临界值 $\varepsilon_1(l)$ 和 $\varepsilon_2(l)$，使得：

（1）当 $\varepsilon<\varepsilon_1(l)$ 时，商业银行和影子银行共存，法定准备金率约束

对商业银行是紧约束，均衡投资随 ε 递减，流动性供给随 ε 递增；

（2）当 $\varepsilon_1(l) \leqslant \varepsilon < \varepsilon_2(l)$ 时，只有商业银行存在，法定准备金率约束是紧约束，ε 和流动性供给 $\mathcal{L}$ 之间的关系不确定；

（3）当 $\varepsilon_2(l) \leqslant \varepsilon < \hat{\varepsilon}$ 时，只有商业银行存在，准备金率约束是松的，均衡投资随着 ε 递减，流动性供给 $\mathcal{L}$ 随 ε 递增；

（4）当 $\varepsilon \geqslant \hat{\varepsilon}$ 时，只有商业银行存在，准备金率约束是松的，社会最优资源配置可以实现。

证明：见本章附录I。

定理2.6表明，引入货币的效果取决于货币的真实价值。引入货币有两个效果。首先，在满足流动性需求方面，具有实际价值的货币是消费品的替代品。商业银行可以用新引入的货币来满足流动性需求，然后增加投资，这就放松了准备金监管约束。现金的实际价值越高，对准备金监管的放松力度就越大，因为价值越高的货币可以替代更多的消费品。根据定理2.6，这种效应是增加还是减少流动性供给，取决于均衡中是否存在影子银行。当影子银行不存在于均衡状态时，通过引入货币放松准备金监管的约束，会减少准备金的数量，导致流动性供给恶化；相反，当商业银行和影子银行在均衡状态下共存时，准备金监管会引发监管套利，而通过引入货币放松准备金监管的约束会缓解监管套利问题，增加流动性供给。

影子银行是否存在于均衡状态中取决于货币的真实价值。由于本章以实物经济中商业银行和影子银行并存的情况为基准，当货币的真实价值较小时，监管套利的动机仍然足够大，影子银行是存在的。然而，当货币的真实价值较大时，实际生效的准备金约束较松，影子银行会因流动性成本较高而消失。

此外，影子银行的规模会随着货币真实价值的增加而减小。货币真实价值的增加会缓解监管套利问题，导致影子银行的收缩，而货币真实价值的减少则会加剧监管套利问题，增加影子银行的规模。

其次，引入具有实际价值的货币直接为消费者提供了额外的流动性。不耐心的消费者可以在第1天用货币购买额外的消费品。在第1天，对消费品需求的增加使在第0天保留准备金而不是使投资更有利可图。因此，商业银行倾向于为不耐心的消费者提供更多的流动性。这种效应总是会提高流动性供应和资源配置效率。

由于第二种效应总是正的，引入货币的净效应取决于第一种效应的符号。当现金的实际价值较小时[$\varepsilon < \varepsilon_1(l)$]，商业银行和影子银行并存，第一效应为正，均衡投资随ε的增加而减少，流动性供给随ε的增加而增加。这一结果意味着，当商业银行和影子银行在名义经济和实物经济中并存时，引入货币可以增加流动性供给，提高资源配置效率。

当货币的实际价值较大时[$\varepsilon_1(l) \leq \varepsilon < \varepsilon_2(l)$]，影子银行消失，但准备金监管仍然具有约束力。第一种效应变为负效应，导致引入货币的净效应难以确定。在下述的推论2.2中，本章将提供一个充分条件，在这个条件下，流动性准备和现金的实际价值在$\varepsilon_1(l) \leq \varepsilon < \varepsilon_2(l)$的范围内具有单调关系，它可以帮助确定在这个范围内货币的实际价值与流动性供给之间的关系。当货币的实际价值更大时[$\varepsilon > \varepsilon_2(l)$]，准备金监管就没有约束力了。因此，第一种效应消失了，只剩下第二种效应，即流动性供给总是随着货币实际价值的增加而增加。尤其是当货币的实际价值足够大时，不耐心的储户就不再受到流动性约束，消费品的社会最优配置就可以实现。

推论 2.2　如果消费者的相对风险厌恶满足

$$-\frac{U''(z)z}{U'(z)} < \frac{2}{1 - \sqrt{1 - (1-\lambda)l}}, \forall z \qquad (2-21)$$

则在$\varepsilon_1(l) \leq \varepsilon < \varepsilon_2(l)$的范围内，消费品的流动性供给随着$\varepsilon$递减。

证明：见本章附录J。

推论 2.2 表明，当消费者的相对风险厌恶程度不是很大时，引入货币的第一效应（放松准备金率）会占优于第二效应（给予消费者更多的禀赋），现金的实际价值越高，流动性供给和资源配置效率就越低。直观地说，商业银行通过投资更多的消费品，可以增加存款合同的长期收益，但会牺牲短期收益。当消费者的风险偏好不高时，他们更看重的是预期消费总额，而不是消费平滑性。因此，为了吸引消费者，一旦现金的实际价值提高，准备金率进一步放宽，商业银行就会选择投资更多的消费品。需要注意的是，式（2 - 21）中的上限总是大于 2，这个条件并不违反戴蒙德和迪布韦克（1983）关于相对风险厌恶大于 1 的标准假设。

最后，由于货币的两种效应都是由货币的实际价值 ε 决定的，引入纯粹的名义货币不会影响经济的分配。推论 2.3 证实了这一结果。

推论 2.3 当 $\varepsilon \to 0$ 时，社会资源分配与真实商品模型中的分配相同。

证明： 见本章附录 K。

本章说明单独引入名义货币无法改善存在影子银行情况下的社会福利，因此需要考虑引入有真实价值支撑的名义货币，以赋予货币真实价值。在第 3 章中，本书将考虑通过财政政策赋予名义货币价值支撑的政策路径。这将为通过财政货币政策配合来解决影子银行存在带来的流动性不足问题提供新的思路。

附录 A 引理 2.1 的证明

根据预算约束

$$[\lambda + (1 - \lambda)\phi]d_1 = 1 - I^B$$

$$(1 - \lambda)(1 - \phi)d_2 = RI^B$$

以及无套利条件式（2 - 2），可以得出存款合同的短期收益：

$$[\lambda + (1-\lambda)\phi]d_1 + \frac{1}{\tilde{d}}(1-\lambda)(1-\phi)d_2 = [\lambda + (1-\lambda)\phi]d_1 + (1-\lambda)(1-\phi)d_1$$

$$= d_1$$

$$= 1 - I^B + \frac{R}{\tilde{d}}I^B \qquad (A-1)$$

其中，第二个等式使用了无套利条件。因此，当 $\tilde{d} < R$ 时，投资 I^B 的短期回报会增加。因此，银行会尽可能多地投资，这意味着准备金率是约束的。在这种情况下，结合式（2-1）可得引理 2.1 的第一部分。此外，短期回报满足：

$$d_1 = l + \frac{R}{\tilde{d}}(1-l) \qquad (A-2)$$

当 $\tilde{d} = R$ 时，根据式（A-1），短期回报等于1，与 I^B 无关。因此，准备金率约束式（2-1）可能不是紧的。在这种情况下，式（A-2）在 $d_1 = 1$ 时仍然成立，这就证明了引理 2.1 的第一部分。如果准备金率约束是紧的，那么 $[\lambda + (1-\lambda)\phi]d_1 = l$；否则 $[\lambda + (1-\lambda)\phi]d_1 > l$，这就证明了引理 2.1 的第二部分。

附录 B　定理 2.1 的证明

首先，当没有准备金率约束时，本章证明任何均衡都要求 $\tilde{d} = R$。为了说明这一点，假设 $\tilde{d} < R$，那么根据式（2-22），每家银行都会将所有资源投资于长期投资，从而导致均衡中没有流动性供给。因此，$\tilde{d} = R$ 必须成立。

其次，在 $\tilde{d} = R$ 的条件下，存款在第 1 天为不耐心的消费者提供 1 单位的消费品，在第 2 天为耐心的消费者提供 R 单位的消费品。影子银行证券在第 2 天为耐心的消费者提供同等数量的消费品，但在第 1 天为不耐心的消费者提供的消费品较少。换句话说，存款在影子银行证券中占主导地位。因此，$x=1$ 在均衡中成立。

再次，根据引理 2.1，存款合约满足 $d_1=1$，无套利条件意味着 $d_2 = d_1 \tilde{d} = R$；根据市场出清条件，$x=1$ 意味着 $\phi=0$。

最后，根据消费者的预算约束条件[式（2-3）和式（2-4）]，可以得出 $c_1^i=1$、$c_2^i=0$、$c_1^p=0$、$c_2^p=R$。

附录 C 定理 2.2 的证明

1. 准备金率约束的松紧性

首先证明，当 $l>\lambda$ 时，$\tilde{d}<R$ 必须成立。当 $l>\lambda$ 时，根据准备金率式（2-1），有 $[\lambda+(1-\lambda)\phi]d_1 \geqslant l > \lambda$。然后根据市场出清条件式（2-5），有：

$$\lambda(1-x)\alpha\frac{R}{\tilde{d}}=(1-\lambda)x\phi d_1 > x(\lambda-\lambda d_1) \qquad (C-1)$$

这意味着 $x\lambda d_1+\dfrac{R\alpha(1-x)}{\tilde{d}}>x\lambda$。

假设 $\tilde{d}=R$，那么根据定理 2.1 的证明，我们知道 $x=1$ 且 $d_1=1$。然而，这意味着式（C-1）的左边等于 λ，而 λ 不可能大于右边，得出矛盾。

以上结果的直观含义是，当 $\tilde{d}=R$ 时，银行可以通过投资更多的短期资产来满足准备金率监管式（2-1），并且根据引理 2.1，仍然可以提供相同的短期回报 $d_1=1$。然而，如果所有银行都采取这种策略，那么在第 1 天的额外流动性供给将推动第 2 天商品价格的上涨，从而降低外部收益率 $\tilde{d}$，使其低于 R。

现在由于 $\tilde{d}<R$，银行更愿意投资于长期投资，这意味着准备金率约

束是紧的：

$$[\lambda + (1 - \lambda)\phi]d_1 = l$$

根据资源约束式（2-8），这意味着$(1-\lambda)(1-\phi)d_2 = R(1-l)$。

2. 定理2.2的第（1）条

当l略大于λ时，由于α严格小于1，连续性意味着在这种情况下商业银行仍然主导影子银行，即$x=1$。然后，我们可以根据所有流动性都被不耐心的消费者所消费，而所有项目收益都被耐心的消费者所消费这一事实，推导出消费集：

$$c_1^i = \frac{l}{\lambda}, c_2^i = 0, c_1^p = 0, c_2^p = \frac{R(1-l)}{1-\lambda}$$

此外，预算约束式（2-3）和无套利条件式（2-2）意味着$d_1 = \dfrac{d_2}{\tilde{d}} = $

$c_1^i = \dfrac{l}{\lambda}$。

然而，我们已经通过引理2.1知道$d_1 = \dfrac{d_2}{\tilde{d}} = l + \dfrac{R}{\tilde{d}}(1-l)$，因此我们

可以得出结论：

$$\tilde{d} = \frac{\lambda R(1-l)}{(1-\lambda)l}$$

3. $\hat{l}$的存在性和唯一性

我们仍然需要证明$x=1$是消费者的最优选择。存款投资的边际效用为：

$$\lambda U'(c_1^i + \varphi c_2^i)d_1 + (1-\lambda)U'(c_1^p + c_2^p)d_2 \qquad (C-2)$$

而投资于影子银行证券的边际效用为：

$$\lambda U'(c_1^i + \varphi c_2^i)\left(\frac{R}{\bar{d}}\alpha + \varphi R(1-\alpha)\right) + (1-\lambda)U'(c_1^p + c_2^p)R \qquad (C-3)$$

当 $x=1$ 时，我们将均衡资源配置代入式（C-2）和式（C-3），得到持有存款的边际效用为：

$$\lambda U'\left(\frac{l}{\lambda}\right)\frac{l}{\lambda} + (1-\lambda)U'\left(\frac{R(1-l)}{1-\lambda}\right)\frac{R(1-l)}{(1-\lambda)}$$

持有影子银行证券的边际效用为：

$$\lambda U'\left(\frac{l}{\lambda}\right)\left(\frac{(1-\lambda)l}{\lambda(1-l)}\alpha + \varphi R(1-\alpha)\right) + (1-\lambda)U'\left(\frac{R(1-l)}{1-\lambda}\right)R$$

边际效用之间的差值为：

$$\begin{aligned}
\Delta(l) &= \lambda U'\left(\frac{l}{\lambda}\right)\left[\frac{l}{\lambda} - \frac{(1-\lambda)l}{\lambda(1-l)}\alpha - \varphi R(1-\alpha)\right] \\
&\quad - (1-\lambda)U'\left(\frac{R(1-l)}{1-\lambda}\right)\left[R - \frac{R(1-l)}{(1-\lambda)}\right] \\
&= \lambda U'\left(\frac{l}{\lambda}\right)\left[\frac{l}{\lambda}\left(1 - \alpha\frac{1-\lambda}{1-l}\right) - \varphi R(1-\alpha)\right] \\
&\quad - (1-\lambda)U'\left(\frac{R(1-l)}{1-\lambda}\right)R\frac{l-\lambda}{1-\lambda} \qquad (C-4)
\end{aligned}$$

显然 $\Delta(\lambda) > 0$，鉴于 φ 足够小，单调性只取决于其他项。根据 $-\frac{U''(c)c}{U'(c)} > 1$ 的假设，$U'(c)c$ 在 c 中递减。当 $l < 1 - \alpha(1-\lambda)$ 时，$U'\left(\frac{l}{\lambda}\right)\frac{l}{\lambda}$ 和 $\left(1 - \alpha\frac{1-\lambda}{1-l}\right)$ 都在 l 中递减，这意味着 $\lambda U'\left(\frac{l}{\lambda}\right)\frac{l}{\lambda}\left(1 - \alpha\frac{1-\lambda}{1-l}\right)$ 随 l 递减。此外，$(1-\lambda)U'\left(\frac{R(1-l)}{1-\lambda}\right)R\frac{l-\lambda}{1-\lambda}$ 随 l 递增。所以，当 $l < 1-\alpha(1-\lambda)$ 时，$\Delta(l)$ 随 l 递减。此外，由于连续性，且 $\Delta(1-\alpha(1-\lambda)) < 0$，存在唯一的 $\hat{l} \in (\lambda, 1-\alpha(1-\lambda))$ 使得 $\Delta(\hat{l}) = 0$。

当 $l < \hat{l}$ 时，$x=1$ 时存款投资的边际效用大于影子银行证券投资的边际效用；当 $l > \hat{l}$ 时，边际效用较低。由于 $\hat{l} < 1 - \alpha(1-\lambda)$，我们不必考

虑 $l > 1 - \alpha(1 - \lambda)$ 的情况。

4. 定理 2.2 的第（2）条

到目前为止，我们已经证明了 $\hat{l}$ 的存在以及 $l < \hat{l}$ 时的资源配置。接下来，我们将证明定理 2.2 的第（2）条。引理 2.1 已经证明了第（2）条中的第⑤点，利用其结果，可以得到市场出清条件式（2-5），$\lambda(1-x)\alpha$ $\dfrac{R}{\tilde{d}} = (1 - \lambda)x\phi d_1$ 意味着

$$\lambda(1-x)\alpha \frac{R}{\tilde{d}} = x(l - \lambda d_1) \Rightarrow x\lambda d_1 + \lambda \frac{R\alpha(1-x)}{\tilde{d}} = xl$$

$$\Rightarrow x\lambda \left(l + \frac{R}{\tilde{d}}(1-l) \right) + \lambda \frac{R\alpha(1-x)}{\tilde{d}} = xl$$

$$\Rightarrow \lambda \frac{R\alpha}{\tilde{d}} = x \left[l + \lambda \frac{R\alpha}{\tilde{d}} - \lambda \left(l + \frac{R}{\tilde{d}}(1-l) \right) \right]$$

$$\Rightarrow x = \frac{\lambda R\alpha}{(1-\lambda)\tilde{d}l - \lambda R(1 - l - \alpha)}$$

这证明了定理 2.2 第（2）条中的第①点。将 x 代入市场出清条件式（2-5），并注意到 $d_1 = \dfrac{d_2}{\tilde{d}} = l + \dfrac{R}{\tilde{d}}(1-l)$，我们就可以证明第②点：

$$\lambda\alpha \frac{R}{\tilde{d}} \frac{(1-\lambda)\tilde{d}l - \lambda R(1-l)}{(1-\lambda)\tilde{d}l - \lambda R(1-l-\alpha)}$$

$$= (1-\lambda) \frac{\lambda R\alpha}{(1-\lambda)\tilde{d}l - \lambda R(1-l-\alpha)} \left[l + \frac{R}{\tilde{d}}(1-l) \right]\phi$$

$$\Rightarrow \phi = \frac{[(1-\lambda)\tilde{d}l - \lambda R(1-l)]}{(1-\lambda)[\tilde{d}l + R(1-l)]}$$

对于第③点，由于 $d_1 = \dfrac{d_2}{\tilde{d}} = l + \dfrac{R}{\tilde{d}}(1 - l)$，我们可以将消费集改

写为：

$$c_1^i = \left[l + \frac{R}{\tilde{d}}(1 - l) \right] x + \frac{R}{\tilde{d}} \alpha(1 - x) , c_2^i = R(1 - \alpha)(1 - x) , c_1^p = 0,$$

$$c_2^p = (\tilde{d}l + R(1 - l)) x + R(1 - x)$$

因此，关于 x 的一阶条件满足

$$\lambda U'(c_1^i + \varphi c_2^i) \left[l + \frac{R}{\tilde{d}}(1 - l - \alpha) - \varphi R(1 - \alpha) \right]$$

$$= (1 - \lambda) U'(c_1^p + c_2^p)(R - \tilde{d})l$$

此外，由于所有的第 1 天的商品都会被不耐心的消费者消费，有：

$$c_1^i = x \frac{l}{\lambda} , c_2^i = (1 - \alpha)(1 - x)R,$$

$$c_1^p = 0 , c_2^p = \frac{Rx(1 - l) + R(1 - x)[\lambda \alpha + (1 - \lambda)]}{1 - \lambda}$$

这意味着：

$$\lambda U'\left(x \frac{l}{\lambda} + \varphi(1 - \alpha)(1 - x)R \right) \left[l + \frac{R}{\tilde{d}}(1 - l - \alpha) - \varphi R(1 - \alpha) \right]$$

$$= (1 - \lambda) U'\left(\frac{Rx(1 - l) + (1 - x)R[\lambda \alpha + (1 - \lambda)]}{1 - \lambda} \right)(R - \tilde{d})l \quad (\text{C} - 5)$$

我们需要证明式（C-5）有一个解。定义

$$\Lambda = \lambda U'\left(x \frac{l}{\lambda} + \varphi(1 - \alpha)(1 - x)R \right) \left[l + \frac{R}{\tilde{d}}(1 - l - \alpha) - \varphi R(1 - \alpha) \right]$$

$$- (1 - \lambda) U'\left(\frac{Rx(1 - l) + (1 - x)R[\lambda \alpha + (1 - \lambda)]}{1 - \lambda} \right)(R - \tilde{d})l$$

显然，当 $\tilde{d} = R$ 时，$\Lambda > 0$。由于 $l > \hat{l}$，当 $x = 1$ 时，即 $\tilde{d} = \dfrac{\lambda R(1 - l)}{(1 - \lambda)l}$

且 $\Lambda = \Delta(l) < 0$ ［其中 Δ 在式（2-23）中定义］时，根据连续性，一定存在一个 $\tilde{d}$ 使得 $\Lambda = 0$。

$\alpha \geq 1 - l$ 的唯一性证明较为简单。由于 x 在 $\tilde{d}$ 中减小，φ 足够小，且 $1 - l < 1 - \lambda < \lambda\alpha + (1-\lambda)$，$\Lambda$ 在 $\tilde{d}$ 中增加。因此，使 $\Lambda = 0$ 的 $\tilde{d}$ 一定是唯一的。

为证明 $\alpha < 1 - l$ 的情形，我们使用条件[①]

$$c_1^i + \varphi c_2^i = \left[l + \frac{R}{\tilde{d}}(1-l) \right] x + \frac{R}{\tilde{d}}\alpha(1-x) + \varphi R(1-\alpha)(1-x)$$

我们将方程 $c_1^i = \left[l + \frac{R}{\tilde{d}}(1-l) \right] x + \frac{R}{\tilde{d}}\alpha(1-x)$ 写成 $c_1^i = \frac{R}{\tilde{d}}\left[(1-l-\alpha)x + \alpha \right] + lx$。可得：

$$c_1^i + \varphi c_2^i = \frac{R}{\tilde{d}}\left[(1-l-\alpha)x + \alpha \right] + (l - \varphi R(1-\alpha))x + \varphi R(1-\alpha)$$

为简化符号，我们用 z 表示 $\frac{R}{\tilde{d}}$，用 a 表示 $1-l-\alpha$，用 b 表示 $l - \varphi R(1-\alpha)$，用 d 表示 $\varphi R(1-\alpha)$，因而 $c_1^i + \varphi c_2^i$ 被表示成 $z(ax+\alpha) + bx + d$，$l + \frac{R}{\tilde{d}}(1-l-\alpha) - \varphi R(1-\alpha)$ 被表示成 $za + b$。然后，我们固定 x 并取式（C-6）关于 z 的导数：

$$U'(c_1^i + \varphi c_2^i)\left[l + \frac{R}{\tilde{d}}(1-l-\alpha) - \varphi R(1-\alpha) \right] = U'(z(ax+\alpha) + bx + d)(za + b)$$

$$\text{（C-6）}$$

我们有：

$$U''(z(ax+\alpha) + bx + d)(ax+\alpha)(za+b) + U'(z(ax+\alpha) + bx + d)a$$

---

① 考虑到市场出清条件式（2-5），这两个条件在均衡时是等价的。

$$= a \left\{ U''(z(ax + \alpha) + bx + d) \left[z(ax + \alpha) + \frac{b}{a}(ax + \alpha) \right] \right\}$$

$$+ aU'(z(ax + \alpha) + bx + d)$$

$$= a \left\{ U''(z(ax + \alpha) + bx + d) \left[z(ax + \alpha) + bx + d + \frac{b\alpha}{a} - d \right] \right\}$$

$$+ aU'(z(ax + \alpha) + bx + d)$$

$$= a \left\{ U''(z(ax + \alpha) + bx + d)[z(ax + \alpha) + bx + d] + U'(z(ax + \alpha) + bx + d) \right\}$$

$$+ aU''(z(ax + \alpha) + bx + d) \left(\frac{b\alpha}{a} - d \right)$$

$$< aU''(z(ax + \alpha) + bx + d) \left(\frac{b\alpha}{a} - d \right)$$

其中，最后一个不等式利用了 $U''(c)c + U'(c) < 0$ 且 $a = 1 - l - \alpha > 0$ 这一条件。对于足够小的 φ，有 $b > 0$ 和 $\frac{b\alpha}{a} - d > 0$。从而可知 $aU''(z(ax + \alpha) + bx + d) \left(\frac{b\alpha}{a} - d \right) < 0$。因此，给定 x，$U'(z(ax + \alpha) + bx + d)(za + b)$ 随 $z = \frac{R}{\tilde{d}}$ 递减。换句话说，我们证明了给定 x，$U'(c_1^i + \varphi c_2^i) \left[l + \frac{R}{\tilde{d}}(1 - l - \alpha) - \varphi R(1 - \alpha) \right]$ 随 $\tilde{d}$ 递增，其中 $c_1^i + \varphi c_2^i = \left[l + \frac{R}{\tilde{d}}(1 - l) \right] x + \frac{R}{\tilde{d}} \alpha(1 - x) + \varphi R(1 - \alpha)(1 - x)$。此外，随着 $\tilde{d}$ 的增大，$x = \dfrac{\lambda R \alpha}{(1 - \lambda) \tilde{d} l - \lambda R(1 - l - \alpha)}$ 会减小，使得 $U'(c_1^i + \varphi c_2^i) \left[l + \frac{R}{\tilde{d}}(1 - l - \alpha) - \varphi R(1 - \alpha) \right]$ 也变得更大。

因此，我们已经证明，当 $\alpha < 1 - l$ 时，Λ 会在 $\tilde{d}$ 中增加。因此，对于 $\alpha < 1 - l$ 来说，$\Lambda = 0$ 的解是唯一的。至此完成了整个证明。

附录 D　定理 2.3 的证明

定理 2.3 第（1）条是定理 2.2 的直接推论。当 $l < \hat{l}$ 时，$x = 1$，因此

流动性供给为 $xl = l$。由于 $\tilde{d} = \dfrac{\lambda R(1-l)}{(1-\lambda)l}$，它随 l 的增大而减小。

为了证明定理 2.3 第（2）条，我们首先注意到 $x < 1$ 意味着 $\mathcal{L} = xl < l$。为了证明其他结果，我们使用 $c_1^i + \varphi c_2^i = x\dfrac{l}{\lambda} + \varphi(1-\alpha)(1-x)R$ 并考虑一阶条件 $\lambda U'(c_1^i + \varphi c_2^i)\left[l + \dfrac{R}{\tilde{d}}(1-l-\alpha) - \varphi R(1-\alpha)\right] = (1-\lambda)U'(c_1^p + c_2^p)(R-\tilde{d})l$。

1. x 的变化

首先，我们证明 x 会随着 l 的增加而减少。我们的策略是证明在给定 x 的情况下，消费者会发现影子银行证券更具吸引力。假设 x 不变，那么根据 x 和 $\tilde{d}$ 的关系：

$$x = \frac{\lambda R\alpha}{(1-\lambda)\tilde{d}l - \lambda R(1-l-\alpha)}$$

在定理 2.2 中，$\tilde{d}$ 一定会变大，而 $\dfrac{R}{\tilde{d}}$ 一定会变小。更具体地说，用 z 表示 $\dfrac{R}{\tilde{d}}$，我们可以推导出 dz 和 dl 之间的关系：

$$x = \frac{\lambda R\alpha}{(1-\lambda)\tilde{d}l - \lambda R(1-l-\alpha)}$$

$$= \frac{\lambda\alpha z}{l - \lambda[l + z(1-l-\alpha)]}$$

$$\Rightarrow dx = -\frac{\lambda\alpha z(1-\lambda+\lambda z)}{\{l - \lambda[l + z(1-l-\alpha)]\}^2}dl + \frac{\lambda\alpha l - \lambda\alpha\lambda l}{\{l - \lambda[l + z(1-l-\alpha)]\}^2}dz$$

$$dx = 0 \Rightarrow l(1-\lambda)dz - z(1-\lambda+\lambda z)dl = 0$$

$$\Rightarrow dz = \frac{z(1-\lambda+\lambda z)}{l(1-\lambda)}dl \qquad\qquad (D-1)$$

由于 $c_1^i + \varphi c_2^i = x\dfrac{l}{\lambda} + \varphi(1-\alpha)(1-x)R$ 关于 l 递增，并且 $c_1^p + c_2^p =$

$\dfrac{Rx(1-l) + R(1-x)[\lambda\alpha + (1-\lambda)]}{1-\lambda}$ 随 l 递减，$U'(c_1^i + \varphi c_2^i)$ 随 l 递减，

$U'(c_1^p + c_2^p)$ 随 l 递增。此外，较低的 $\tilde{d}$ 意味着较高的 $R - \tilde{d}$。假设 $\alpha \geqslant$

$1 - l$，那么 $l + \dfrac{R}{\tilde{d}}(1-l-\alpha)$ 随 l 和 $\tilde{d}$ 递减，意味着 $l + \dfrac{R}{\tilde{d}}(1-l-\alpha) -$

$\varphi R(1-\alpha)$ 更低。因此，边际效用的差额

$$\Lambda = \lambda U'\left(x\frac{l}{\lambda} + \varphi(1-\alpha)(1-x)R\right)\left[l + \frac{R}{\tilde{d}}(1-l-\alpha) - \varphi R(1-\alpha)\right]$$

$$- (1-\lambda)U'\left(\frac{Rx(1-l) + (1-x)R[\lambda\alpha + (1-\lambda)]}{1-\lambda}\right)(R - \tilde{d})l$$

将变为负值。因此，消费者会降低商业银行的份额 x。

假设 $\alpha < 1 - l$，那么利用一阶条件在 l 变化之前成立这一事实，我们可以考察式（D-2）随 l 的变化：

$$\frac{l + \dfrac{R}{\tilde{d}}(1-l-\alpha) - \varphi R(1-\alpha)}{l} \tag{D-2}$$

由于 φ 足够小，我们可以将注意力集中在

$$\frac{l + \dfrac{R}{\tilde{d}}(1-l-\alpha)}{l} = 1 + \frac{z}{l}(1-l-\alpha)$$

利用 dx 和 dl 之间的关系式（D-1）对 l 取导数：

$$\frac{1-l-\alpha}{l}dz + z\frac{-l-1+l+\alpha}{l^2}dl = \frac{1-l-\alpha}{l}\frac{z}{l}\frac{(1-\lambda+\lambda z)}{(1-\lambda)}dl + z\frac{-l-1+l+\alpha}{l^2}dl$$

$$= \frac{z}{l^2}\left\{\frac{(1-l-\alpha)(1-\lambda+\lambda z)}{1-\lambda} + \alpha - 1\right\}dl \propto \frac{(1-l-\alpha)\left(1-\lambda+\lambda\dfrac{R}{\tilde{d}}\right)}{1-\lambda} + \alpha - 1$$

$$= 1 - l - \alpha + \frac{1 - l - \alpha}{1 - \lambda} \lambda \frac{R}{\tilde{d}} + \alpha - 1 = \frac{1 - l - \alpha}{1 - \lambda} \lambda \frac{R}{\tilde{d}} - l$$

$$1 - l - \alpha > 0, \quad \frac{R}{\tilde{d}} < \frac{(1 - \lambda) \, l}{\lambda \, (1 - l)} \Rightarrow \frac{1 - l - \alpha}{1 - \lambda} \lambda \frac{R}{\tilde{d}} - l < \frac{1 - l - \alpha}{1} \frac{l}{(1 - l)} - l$$

$$< 0$$

其中，倒数第二个不等式利用了要求 $x < 1 \dfrac{R}{\tilde{d}} < \dfrac{(1 - \lambda) l}{\lambda (1 - l)}$ 成立这一条件。

因此，我们再次证明，如果 x 不变，Λ 将变为负值。换句话说，消费者会降低商业银行的份额 x。证明的经济学直觉是，假设商业银行的份额不变，那么提高流动性要求会产生两种影响：

（1）降低短期利率 $l + \dfrac{R}{\tilde{d}}(1 - l)$；

（2）在私人市场上提供额外的流动性，推动价格上涨并降低 $\tilde{d}$，从而增加存款和影子银行证券的短期收益。

我们已经证明，第一种效应占主导地位，这会降低存款的吸引力。因此，消费者会降低 x，即更多地投资于影子银行证券。

2. 流动性供给的变化

我们采用类似的策略来证明流动性供给的变化。假设 $\mathcal{L} = xl$ 不变，根据市场出清条件可知

$$x = \frac{\lambda R \alpha}{(1 - \lambda) \, \tilde{d} l - \lambda R (1 - l - \alpha)} \Rightarrow xl = \frac{\lambda R \alpha l}{(1 - \lambda) \, \tilde{d} l - \lambda R (1 - l - \alpha)}$$

不变。我们将其改写为：

$$xl = \frac{\lambda R \alpha}{(1 - \lambda) \, \tilde{d} - \dfrac{\lambda R (1 - \alpha)}{l} + \lambda R}$$

因此，保持 xl 不变等同于固定 $(1 - \lambda) \, \tilde{d} - \dfrac{\lambda R (1 - \alpha)}{l}$。由此可得：

$$(1-\lambda)d\tilde{d}+\frac{\lambda R(1-\alpha)}{l^2}dl=0\Rightarrow d\tilde{d}=-\frac{\lambda R(1-\alpha)}{(1-\lambda)l^2}dl \quad （D-3）$$

用 z 表示 $\dfrac{R}{d}$，式（D-3）可化为：

$$dz=d\left(\frac{R}{\tilde{d}}\right)=-\frac{R}{\tilde{d}^2}d\tilde{d}=\frac{R}{\tilde{d}^2}\frac{\lambda R(1-\alpha)}{(1-\lambda)l^2}dl=\frac{\lambda(1-\alpha)z^2}{(1-\lambda)l^2}dl \quad （D-4）$$

鉴于 xl 不变，我们知道 x 一定会减小，而 $c_1^i+\varphi c_2^i=x\dfrac{l}{\lambda}+\varphi(1-\alpha)$

$(1-x)R$ 会增大；$c_1^p+c_2^p=\dfrac{Rx(1-l)+R(1-x)[\lambda\alpha+(1-\lambda)]}{1-\lambda}$ 会减小。

因此，$U'(c_1^i+\varphi c_2^i)$ 减小，$U'(c_1^p+c_2^p)$ 增加。

假设 $\alpha>1-l$，那么 $l+\dfrac{R}{d}(1-l-\alpha)$ 随 l 和 $\tilde{d}$ 递减，这意味着 $l+\dfrac{R}{d}$

$(1-l-\alpha)-\varphi R(1-\alpha)$ 更低。因此，边际效用的差

$$\Lambda=\lambda U'\left(x\frac{l}{\lambda}+\varphi(1-\alpha)(1-x)R\right)\left[l+\frac{R}{\tilde{d}}(1-l-\alpha)-\varphi R(1-\alpha)\right]$$

$$-(1-\lambda)U'\left(\frac{Rx(1-l)+(1-x)R[\lambda\alpha+(1-\lambda)]}{1-\lambda}\right)(R-\tilde{d})l$$

将变为负值，这意味着消费者将进一步降低商业银行的份额 x，因此均衡中 xl 也会变得更低。

假设 $\alpha<1-l$，那么利用一阶条件在 l 变化之前成立这一事实，可以研究

$$\frac{l+\dfrac{R}{\tilde{d}}(1-l-\alpha)-\varphi R(1-\alpha)}{l}$$

随 l 的变化。此外，由于 φ 足够小，我们可以关注

$$\frac{l+\dfrac{R}{\tilde{d}}(1-l-\alpha)}{l}=1+\frac{z}{l}(1-l-\alpha) \quad （D-5）$$

取式（D-5）关于 l 的导数，并使用 dx 和 dl 之间的关系式（2-25），可得：

$$\frac{1-l-\alpha}{l}dz + z\frac{-l-1+l+\alpha}{l^2}dl = \frac{1-l-\alpha}{l}\frac{\lambda(1-\alpha)z^2}{(1-\lambda)l^2}dl + z\frac{-1+\alpha}{l^2}dl$$

$$= \frac{z}{l^2}\left\{\frac{1-l-\alpha}{l}\frac{\lambda(1-\alpha)z}{(1-\lambda)} + \alpha - 1\right\}dl \propto \frac{1-l-\alpha}{l}\frac{(1-\alpha)\lambda\frac{R}{\tilde{d}}}{(1-\lambda)} + \alpha - 1$$

$$1-l-\alpha > 0, \frac{R}{\tilde{d}} < \frac{(1-\lambda)l}{\lambda(1-l)} \Rightarrow \frac{1-l-\alpha}{l}\frac{(1-\alpha)\lambda\frac{R}{\tilde{d}}}{(1-\lambda)} + \alpha - 1$$

$$< \frac{1-l-\alpha}{l}\frac{(1-\alpha)\frac{(1-\lambda)l}{(1-l)}}{(1-\lambda)} + \alpha - 1 = \frac{1-l-\alpha}{1}\frac{1-\alpha}{1-l} + \alpha - 1$$

$$= \frac{1-l-\alpha}{1}\frac{1-\alpha}{1-l} + \alpha - 1 < 1 - \alpha + \alpha - 1 = 0$$

其中，倒数第二个不等式利用了要求 $x < 1\frac{R}{\tilde{d}} < \frac{(1-\lambda)l}{\lambda(1-l)}$ 成立这一条件。

因此，我们再次证明，如果流动性供给 xl 不变，Λ 将变为负值。换句话说，消费者会降低商业银行的份额 x。因此，均衡中 xl 也会变得更低。这一证明的经济学直觉与证明 x 的变化相类似，在 xl 不变的情况下，准备金率的提高会产生两种影响：

（1）降低短期利率 $l + \frac{R}{\tilde{d}}(1-l)$。

（2）降低 x 意味着不耐心的消费者的长期影子银行资产供给 $R\alpha(1-x)$ 增加。然而，用于购买这些资产的总流动性

$$xl - \lambda xd_1 = xl - \lambda x\left(l + \frac{R}{\tilde{d}}(1-l)\right) = xl(1-\lambda) - \lambda x\frac{R}{\tilde{d}} + \lambda xl\frac{R}{\tilde{d}}$$

也会增加。我们可以证明，后一种效应占主导地位，这意味着 $\tilde{d}$ 会降低。

第一种效应占主导地位，存款的吸引力会降低。因此，消费者会进一步降低 x 并更多地投资于影子银行的证券，从而导致流动性供给减少。

附录 E　定理 2.4 的证明

第一步，通过定理 2.2 证明中的式（C-4），我们可以看到 $\Delta(l)$ 随 α 递减。因此，当 α 变大时，使 $\Delta(\hat{l})=0$ 的临界值 $\hat{l}$ 变小，这证明了定理 2.4 第（1）条。

第二步，通过定理 2.2，很容易证明当 $\lambda \leqslant l < \hat{l}$ 时，分配与 α 无关。

第三步，当 α 增加时，我们可以看到，给定 $\tilde{d}$，由于定理 2.2 中的以下条件：

$$x = \frac{\lambda R \alpha}{(1-\lambda)\tilde{d}l - \lambda R(1-l-\alpha)}$$

x 会增加。那么，由于 α 和 x 的增加，一阶条件的左侧

$$\lambda U'\left(x\frac{l}{\lambda} + \varphi(1-\alpha)(1-x)R\right)\left[l + \frac{R}{\tilde{d}}(1-l-\alpha) - \varphi R(1-\alpha)\right]$$

$$= (1-\lambda)U'\left(\frac{Rx(1-l) + (1-x)R[\lambda\alpha + (1-\lambda)]}{1-\lambda}\right)(R-\tilde{d})l$$

会减少。由于 $1-l < \lambda\alpha + (1-\lambda)$ 增加，一阶条件右边会增加。因此，为了使一阶条件成立 $\tilde{d}$ 必须增加，我们已经在定理 2.2 的证明中证明了效用差 Λ 随 $\tilde{d}$ 递增。这证明了定理 2.4 第（2）条第①点。

为了证明定理 2.4 第（2）条第②点和第③点，假设

$$x = \frac{\lambda R \alpha}{(1-\lambda)\tilde{d}l - \lambda R(1-l-\alpha)} = \frac{\lambda R}{\frac{1}{\alpha}[(1-\lambda)\tilde{d}l - \lambda R(1-l)] + \lambda R}$$

不变，那么 $\tilde{d}$ 一定会增加。更具体地说，

$$\frac{(1-\lambda)\tilde{d}l - \lambda R(1-l)}{\alpha}$$

必须相同，这意味着：

$$d\tilde{d} = \frac{(1-\lambda)\tilde{d}l - \lambda R(1-l)}{\alpha(1-\lambda)l}d\alpha$$

因此，我们知道，

$$d\left[\frac{R}{\tilde{d}}(1-l-\alpha)\right] = -\frac{R}{\tilde{d}}d\alpha - \frac{R(1-l-\alpha)}{\tilde{d}^2}\tilde{d}d$$

$$= -\left(\frac{R}{\tilde{d}}\right)^2 \frac{\lambda(1-l)}{(1-\lambda)l} \cdot \frac{(1-\lambda)\tilde{d}l - \lambda R(1-l-\alpha)}{\lambda R\alpha}d\alpha$$

$$d\left(\frac{Rx(1-l) + (1-x)R[\lambda\alpha + (1-\lambda)]}{1-\lambda}\right) = \frac{(1-x)R\lambda}{1-\lambda}d\alpha$$

$$= \frac{R\lambda}{1-\lambda} \cdot \frac{(1-\lambda)\tilde{d}l - \lambda R(1-l)}{(1-\lambda)\tilde{d}l - \lambda R(1-l-\alpha)}d\alpha$$

$$= \frac{(1-\lambda)\tilde{d}l - \lambda R(1-l)}{\alpha(1-\lambda)}xd\alpha$$

由于 φ 足够小，我们可以得出效用差 Λ 的变化为：

$$d\Lambda = \lambda U'(c_1^i + \varphi c_2^i)d\left[\frac{R}{\tilde{d}}(1-l-\alpha)\right]$$

$$-d[(1-\lambda)U'(c_1^p + c_2^p)(R-\tilde{d})l]$$

$$= -\lambda U'(c_1^i + \varphi c_2^i)\left(\frac{R}{\tilde{d}}\right)^2 \frac{\lambda(1-l)}{(1-\lambda)l} \cdot \frac{(1-\lambda)\tilde{d}l - \lambda R(1-l-\alpha)}{\lambda R\alpha}d\alpha$$

$$- (1-\lambda)lU''(c_1^p + c_2^p)\frac{(1-\lambda)\tilde{d}l - \lambda R(1-l)}{\alpha(1-\lambda)}x(R-\tilde{d})d\alpha$$

$$+ (1-\lambda)lU'(c_1^p + c_2^p)\frac{(1-\lambda)\tilde{d}l - \lambda R(1-l)}{\alpha(1-\lambda)l}d\alpha$$

其中第一项为非正值，而其他两项为非负值。

当 $l=\hat{l}$ 时，我们知道 $x=1$，这意味着 $(1-\lambda)\tilde{d}l = \lambda R(1-l)$。因此，第二项和第三项变为零，有：

$$dA = -\lambda U'\left(c_1^i + \varphi c_2^i\right)\left(\frac{R}{\tilde{d}}\right)^2 \frac{\lambda(1-l)}{(1-\lambda)l}d\alpha < 0$$

在这种情况下，消费者会降低 x。这证明了定理2.4第（2）条第②点。当 $l = 1$，第一项变为零，使得 $dA > 0$。在这种情况下，消费者会增加 x，这证明了定理2.4第（2）条第③点。

附录F　定理2.5的证明

假设 $l^* \leqslant \hat{l}$，那么政策制定者可以通过设置 $l = l^*$ 来实现社会最优资源配置。在这种情况下，由于 $l^* \leqslant \hat{l}$ 意味着均衡时只有商业银行存在，定理2.2第（1）条保证了资源配置是最优的。

假设 $l^* > \hat{l}$，那么设置 $l = l^*$ 意味着商业银行和影子银行共存。根据定理2.3，因为 $\hat{l} < l^*$，对于 $l \in (0, \hat{l}]$，福利随 l 递增；对于 $l \in (\hat{l}, 1]$，根据定理2.3，流动性供给随 l 递减，同时商业银行份额降低，造成更多的资源浪费，社会福利随 l 递减。因此，当 $l^* > \hat{l}$ 时，$l = \hat{l}$ 实现了最高社会福利。因此，最优准备金率是 $\min(l^*, \hat{l})$。

附录G　推论2.1的证明

由于 $-\dfrac{U''(c)c}{U'(c)} > 1$，我们考察社会最优资源配置的决定式（2-10）

$$U'\left(\frac{1-I}{\lambda}\right) = RU'\left(\frac{RI}{1-\lambda}\right)$$

可以证明，社会最优投资 I^* 随 R 和 λ 递减，与 α 无关。因此，l^* 随 R 和 λ 递增，与 α 无关。

考虑式（C-4）

$$\Delta(l) = U'\left(\frac{l}{\lambda}\right)\left[l\left(1 - \alpha\frac{1-\lambda}{1-l}\right) - \lambda\varphi R(1-\alpha)\right] - U'\left(\frac{R(1-l)}{1-\lambda}\right)R(l-\lambda)$$

容易证明 $\Delta(l)$ 递增于 R 和 λ，因为 φ 足够小。$-\dfrac{U''(c)c}{U'(c)} > 1$ 意味着 $U''(c)c$ 在 c 中是减少的。因此，$\Delta(l)$ 在 l 递减这一事实意味着有一个更高的 $\hat{l}$，使得 $\Delta(\hat{l}) = 0$。

最后，很容易证明 $\Delta(l)$ 在 α 中是递减的。较高的 α 意味着较低的 $\hat{l}$，因此 $\Delta(\hat{l}) = 0$。

附录 H 引理 2.2 的证明

由于银行必须同时持有货币和消费品，货币从第 0 天到第 1 天的名义收益为零，必须等于消费品的名义收益，即 $\dfrac{p_1}{p_0}$，因此 $\dfrac{p_1}{p_0} = 1$。此外，假设 $\tilde{D} > 1$，那么没有人愿意在第 1 天持有货币，因此必须有 $\tilde{D} = 1$。

附录 I 定理 2.6 的证明

我们首先证明引理 I1 作为准备。

引理 I1 当影子银行和商业银行在货币引入之前和之后同时存在时，流动性供给递增于 ε。特别地，总流动性供给大于无货币的商品经济中的流动性供给。

证明：

当 ε 足够小时，商业银行和影子银行在货币引入前后都存在。在这种情况下，流动性供给 $x(1 - I^B)$ 既取决于商业银行的市场份额 x，也取决于银行的投资决策 I^B。注意，根据预算约束式（2-12）和流动性约束式（2-13），存款合同满足以下条件：

$$[\lambda + (1 - \lambda)\Phi]D_1 = l \qquad (\text{I}-1)$$

然后，根据总体预算约束式（2-20），可以得出短期名义利率：

$$D_1 = \frac{D_2}{\widetilde{D}} = l + \frac{p_2 R}{p_1 \widetilde{D}}(1 - l) \qquad (\text{I}-2)$$

其中，我们使用了 $p_0 = p_1$ 这一条件。

当商业银行和影子银行都存在时，影子银行证券和存款之间的选择由一阶条件给出：

$$\lambda U'(c_1^i + \varphi c_2^i)\left[D_1 \frac{p_0}{p_1} - \alpha \frac{p_2}{p_1 \widetilde{D}}R - \varphi R(1-\alpha) \right]$$

$$= (1 - \lambda)U'(c_1^p + c_2^p)\left[R - D_2 \frac{p_0}{p_2} \right] \qquad (\text{I}-3)$$

在式（I-3）中应用引理2.2，代入式（I-2）和 $\tilde{d} = \dfrac{p_1 \widetilde{D}}{p_2}$，会得到一个一阶条件，这个条件与定理2.2中真实模型中的条件非常相似：

$$\lambda U'(c_1^i + \varphi c_2^i)\left[l + \frac{R}{\tilde{d}}(1 - l - \alpha) - \varphi R(1-\alpha) \right] = (1-\lambda)U'(c_1^p + c_2^p)(R - \tilde{d})l$$

$$(\text{I}-4)$$

均衡中

$$c_1^i + \varphi c_2^i = \frac{x(1 - I^B)}{\lambda} + \varphi(1-\alpha)R(1-x)$$

且

$$c_1^p + c_2^p = \frac{\lambda \alpha R(1-x) + (1-\lambda)R(1-x) + xRI^B}{1-\lambda}$$

准备金监管要求

$$\frac{p_0 x(1 - I^B) + 1}{1 + p_0 x} \geqslant l$$

当 ε 增加时，计价商品价值提高。因此，

$$\frac{p_0 x(1-I^B)+1}{1+p_0 x} = 1 - \frac{p_0 x I^B}{1+p_0 x}$$

会更高。在其他条件不变的情况下，银行可以更多地投资于长期项目。也就是说，I^B 会更高。特别是，与 $\varepsilon=0$ 的情况相比，

$$x(1-I^B) = \frac{(1+p_0 x)[\lambda+(1-\lambda)\Phi]D_1-1}{p_1} = \frac{(1+p_0 x)l-1}{p_1} = xl - \frac{1-l}{p_1} < xl$$

其中最后一个等式利用了 $p_0=p_1$ 这一事实，也就是说，$I^B>1-l$。

假设流动性供给 $x(1-I^B)$ 不变，那么 I^B 的增加就意味着 x 的增加。

$$c_1^p + c_2^p = \frac{\lambda \alpha R(1-x)+(1-\lambda)R(1-x)+xRI^B}{1-\lambda}$$

$$= \frac{\lambda \alpha R(1-x)+(1-\lambda)R(1-x)+xR(I^B-1)+xR}{1-\lambda}$$

$$= \frac{\lambda \alpha R+(1-\lambda)R+xR[1-\lambda\alpha-(1-\lambda)]+xR(I^B-1)}{1-\lambda}$$

$$= \frac{\lambda \alpha R+(1-\lambda)R+\lambda xR(1-\alpha)+xR(I^B-1)}{1-\lambda}$$

因此，如果 φ 足够小，$c_1^i+\varphi c_2^i$ 几乎不会发生变化，而 $c_1^p+c_2^p$ 则会增加。

此外，市场出清条件要求

$$\lambda\left[1+\alpha(1-x)\frac{p_2 R}{\tilde{D}}\right] = (1-\lambda)[(1+p_0 x)\Phi D_1-1]$$

其中，左边是不耐心消费者用于购买消费品的资金总额；右边是耐心消费者提供的总消费品价值，其中 $(1+p_0 x)\Phi D_1$ 是耐心消费者支取的存款总额，他在均衡时保留一个单位的货币。为了分析这一条件，我们进行如下转换：

$$\lambda\left[1+\alpha(1-x)\frac{p_2 R}{\tilde{D}}\right] = (1-\lambda)[(1+p_0 x)\Phi D_1-1]$$

$$\Rightarrow \lambda\alpha(1-x)\frac{p_2 R}{\tilde{D}}+\lambda = p_1 x(1-I^B)+1-(1+p_0 x)\lambda D_1-(1-\lambda)$$

$$\Rightarrow \lambda(1+p_0 x)\left[l+\frac{p_2 R}{p_1 \tilde{D}}(1-l)\right]+\lambda\alpha(1-x)\frac{p_2 R}{\tilde{D}}+\lambda-p_1 x(1-I^B)-1=-(1-\lambda)$$

$$\Rightarrow \lambda\frac{1+p_0 x}{p_1}\left[l+\frac{R}{\tilde{d}}(1-l)\right]+\lambda\alpha(1-x)\frac{R}{\tilde{d}}=x(1-I^B)$$

$$\Rightarrow \lambda\left\{\frac{1}{p_1}\left[l+\frac{R}{\tilde{d}}(1-l)\right]+x\left[l+\frac{R}{\tilde{d}}(1-l)\right]+\alpha(1-x)\frac{R}{\tilde{d}}\right\}=x(1-I^B)$$

其中，第二个等式使用预算约束 $(1+p_0 x)[\lambda+(1-\lambda)\Phi]D_1=p_1 x(1-I^B)+1$，第三个等式使用式（I-2），第四个等式使用 $\tilde{d}=\frac{p_1 \tilde{D}}{p_2}$。我们可以看到，当 $x(1-I^B)$ 固定且 I^B 增加时，x 必须增加，这使得最后一个等式的左侧更高，因为 $\frac{1}{p_1}$ 较高，且 $l+\frac{R}{\tilde{d}}(1-l)>1>\alpha\frac{R}{\tilde{d}}$。因此，$\tilde{d}$ 必须增加才能使等式成立。

总之，假设流动性供给 $x(1-I^B)$ 不变，那么 $c_1^i+\varphi c_2^i$ 几乎不会发生变化，$c_1^p+c_2^p$ 会增加，$\tilde{d}$ 会增加，所有这些都使得一阶条件的左侧大于右侧。换句话说，现在消费者会进一步增加对商业银行的投资。因此，在新的均衡中，x 会进一步增加，流动性供给也会增加。

当货币的实际价值达到一定水平［用 $\varepsilon_1(l)$ 表示］时，放松准备金率的效果就会非常强，以至于商业银行只是受到准备金率的宽松约束。那么，银行就会开始主导影子银行。在这种情况下，我们可以证明引理 I2。

引理 I2　在准备金率为 l 的情况下，如果不存在影子银行，则投资由式（I-5）决定：

$$\frac{U'\left(\frac{RI}{1-\lambda}\right)R}{\varepsilon}=\frac{1-\lambda}{\lambda}\frac{l}{l-1+I}-\frac{1}{\lambda I} \tag{I-5}$$

证明：

紧的准备金率意味着

$$\frac{p_0(1-I)+1}{1+p_0}=l$$

从而根据引理 2.2 得出：

$$p_0 = p_1 = \frac{1-l}{I-1+l}$$

其次，由于 $p_2 = \dfrac{U'\left(\dfrac{RI}{1-\lambda}\right)}{\varepsilon}$，实际利率满足

$$\tilde{d} = \frac{p_1}{p_2} = \frac{1-l}{l-1+I}\frac{\varepsilon}{U'\left(\dfrac{RI}{1-\lambda}\right)}$$

那么，根据市场出清条件可得：

$$\lambda\left(1+\frac{1}{p_1}\right)\left[l+\frac{R}{\tilde{d}}(1-l)\right]=1-I$$

其中，左侧为第 1 天不耐心消费者的总财富，右侧为第 1 天可用于消费的总资源。我们可以得出：

$$\lambda\left(1+\frac{1}{p_1}\right)\left[l+\frac{R}{\tilde{d}}\ (1-l)\right]=1-I$$

$$\Rightarrow \lambda\left(1+\frac{l-1+I}{1-l}\right)\left[l+\frac{R}{\dfrac{1-l}{l-1+I}\dfrac{\varepsilon}{U'\left(\dfrac{RI}{1-\lambda}\right)}}\ (1-l)\right]=1-I$$

$$\Rightarrow \frac{U'\left(\dfrac{RI}{1-\lambda}\right)R}{\varepsilon}=\frac{1-\lambda}{\lambda}\frac{l}{l-1+I}-\frac{1}{\lambda I}$$

有了这两个引理，我们就可以确定影子银行即将出现时的分界线 $\varepsilon_1(l)$。也就是说，$x=1$ 时，投资由引理 I2 中的式（I−5）决定，并且引理 I1 证明中的一阶条件式（I−4）成立。

我们可以把式（I−5）改写为：

$$\varepsilon = U'\left(\frac{RI}{1-\lambda}\right)R\,\frac{\lambda I(l-1+I)}{(1-I)(1-l)-\lambda lI} \qquad (\mathrm{I}-6)$$

那么，ε 和 I 之间的关系取决于式（I–6）右边的单调性。用

$$-\frac{U''(z)z}{U'(z)} = \delta(z)$$

表示相对风险厌恶，并取右边关于 I 的导数：

$$\frac{d}{dI}\Big[U'\left(\frac{RI}{1-\lambda}\right)R\,\frac{\lambda I(l-1+I)}{(1-I)(1-l)-\lambda lI}\Big]$$

$$=U'\left(\frac{RI}{1-\lambda}\right)\frac{R\lambda(l-1+I)}{(1-I)(1-l)-\lambda lI}\Big[-\delta\left(\frac{RI}{1-\lambda}\right)+\frac{I}{l-1+I}+\frac{(1-l)}{(1-I)(1-l)-\lambda lI}\Big]$$

$$(\mathrm{I}-7)$$

将式（I–6）代入式（I–7），可以得到：

$$U'\left(\frac{RI}{1-\lambda}\right)\frac{R\lambda(l-1+I)}{(1-I)(1-l)-\lambda lI}\Big[-\delta\left(\frac{RI}{1-\lambda}\right)+\frac{I}{l-1+I}+\frac{(1-l)}{(1-I)(1-l)-\lambda lI}\Big]$$

$$=\frac{\varepsilon}{I}\Big[-\delta\left(\frac{RI}{1-\lambda}\right)+\frac{I}{l-1+I}+\frac{(1-l)}{(1-I)(1-l)-\lambda lI}\Big] \qquad (\mathrm{I}-8)$$

一般来说，式（I–8）的符号是不确定的。

随着 ε 的进一步增加，它会达到一个临界值 $\varepsilon_2(l)$，超过这个临界值，货币的市场价值就会变得很大，以至于银行不再受准备金率的约束。在这种情况下，均衡的特征如引理 I3 所描述。

引理 I3　当准备金率不具有约束力时，存在一个临界值 $\hat{\varepsilon}=U'\left(\frac{RI^*}{1-\lambda}\right)R\left(\frac{1-I^*-\lambda}{\lambda}\right)$，使得：

（1）如果 $\varepsilon<\hat{\varepsilon}$，经济的总投资由式（I–9）决定：

$$\frac{\lambda}{1-I-\lambda}=\frac{U'\left(\frac{RI}{1-\lambda}\right)R}{\varepsilon} \qquad (\mathrm{I}-9)$$

银行自发持有的流动性比率为 $1-\frac{\lambda I}{1-I}$；

（2）如果 $\varepsilon \geqslant \hat{\varepsilon}$，均衡投资等于社会最优配置，即 $I = I^*$，银行自发

持有的流动性比率为 $1 - \dfrac{U'\left(\dfrac{1-I^*}{\lambda}\right)I^*}{\varepsilon + U'\left(\dfrac{1-I^*}{\lambda}\right)}$。

证明：

如果没有准备金监管，消费者只会存款，因为影子银行证券有流动

性成本。因此，不存在影子银行时，$x = 1$，$I^B = I$。此外，由于银行不受

准备金率的约束，在均衡状态下，长期投资的收益率 $\dfrac{p_2 R}{p_1}$ 必须等于私人市

场的利率 $\tilde{D} = 1$，即 $\tilde{D} = \dfrac{p_2 R}{p_1} = 1$。由此，我们可以得出商业银行的短期名

义收益率等于零：$D_1 = \dfrac{D_2}{\tilde{D}} = 1$。

在我们引入货币之前，$c_1^i = \dfrac{1-I}{\lambda} = 1$。由于实际收益率 $\tilde{d}$ 为正、$c_1^p =$

0，$c_2^p = \dfrac{RI}{1-\lambda} = R$，满足 $U'\left(\dfrac{1-I}{\lambda}\right) > U'\left(\dfrac{RI}{1-\lambda}\right)R$。

在持有货币的情况下，由于耐心的消费者会同时消费消费品和货币，

他们对消费品的边际效用必须满足 $\dfrac{U'\left(\dfrac{RI}{1-\lambda}\right)}{p_2} = \varepsilon$。

由此，一定有 $\dfrac{U'\left(\dfrac{1-I}{\lambda}\right)}{p_1} > \dfrac{U'\left(\dfrac{RI}{1-\lambda}\right)R}{p_1} = \dfrac{U'\left(\dfrac{RI}{1-\lambda}\right)}{p_2} = \varepsilon$。

因此，不耐心的消费者会在私人市场上用货币换取消费品，这就会

推动收益率 $\tilde{D}$ 上升。然而，这意味着 $\tilde{D} > \dfrac{p_2 R}{p_1}$，使得银行保留更多的流

动性，或者减少投资 $I^B = I$。

根据 ε 的值，有两种情形：

情形 1：不耐心消费者有名义货币消费；

情形2：不耐心消费者无名义货币消费。

在情形1下，货币的价值足够大，以至于不耐心的消费者会发现在消费品和货币之间无差异：

$$\frac{U'\left(\frac{1-I}{\lambda}\right)}{p_1} = \varepsilon \qquad (I-10)$$

鉴于 $p_1 = p_2 R$，式（I-10）意味着

$$U'\left(\frac{1-I}{\lambda}\right) = U'\left(\frac{RI}{1-\lambda}\right)R$$

这就是社会最优资源配置。这一均衡意味着不耐心的消费者的货币消费为正，即 $m_1^i \geq 0$。此外，银行自发持有的流动性比率由流动资产与总资产之比决定：

$$\frac{p_1 x(1-I^B)+1}{1+p_0 x} = \frac{p_1(1-I^*)+1}{1+p_0}$$

$$= \frac{\frac{U'\left(\frac{1-I^*}{\lambda}\right)}{\varepsilon}(1-I^*)+1}{1+\frac{U'\left(\frac{1-I^*}{\lambda}\right)}{\varepsilon}} = 1 - \frac{U'\left(\frac{1-I^*}{\lambda}\right)I^*}{\varepsilon + U'\left(\frac{1-I^*}{\lambda}\right)} \qquad (I-11)$$

显然，资源分配以及社会福利与 ε 无关。

在情形2下，不耐心的消费者使用了他们全部的货币，此时不耐心的消费者没有更多的货币可以用于购买消费品。在这种情况下，有：

$$\frac{U'\left(\frac{1-I}{\lambda}\right)}{p_1} > \varepsilon \text{ 以及 } \frac{U'\left(\frac{RI}{1-\lambda}\right)}{p_2} = \varepsilon$$

而 $\frac{p_2 R}{p_1} = 1$ 意味着 $U'\left(\frac{1-I}{\lambda}\right) > U'\left(\frac{RI}{1-\lambda}\right)R$。

因此，均衡时流动性短缺。在这种情况下 $c_1^i = \frac{1-I}{\lambda}$、$c_2^p = \frac{RI}{1-\lambda}$、$m_1^i =$

0、$m_2^p = \dfrac{1}{1-\lambda}$，对于不耐心的消费者来说，其总名义回报为 $D_1(1+p_0)$，

这意味着

$$p_1 \frac{1-I}{\lambda} = D_1(1+p_0)$$

对于耐心的消费者来说，其总回报是 $D_2(1+p_0)$，这意味着：

$$p_2 \frac{RI}{1-\lambda} + \frac{1}{1-\lambda} = D_2(1+p_0)$$

由于 $\tilde{D} = 1$ 且 $D_1 = \dfrac{D_2}{\tilde{D}} = 1$，我们知道：

$$p_1 \frac{1-I}{\lambda} = \frac{U'\left(\dfrac{RI}{1-\lambda}\right)}{\varepsilon} \frac{RI}{1-\lambda} + \frac{1}{1-\lambda}$$

此外，在私人市场上，不耐心的消费者会使用货币来交换以货币计价的消费品：

$$\lambda = (1-\lambda)[(1+p_0)\varPhi D_1 - 1]$$

其中，左边是不耐心消费者提供的货币总量（λ）；右边是耐心消费者提供的消费品总量，其中，$(1+p_0)\varPhi D_1 - 1$ 是一个耐心消费者提前提取的存款总价值 $(1+p_0)\varPhi D_1$ 减去他的货币价值。由于 $D_1 = \dfrac{D_2}{\tilde{D}} = 1$，可知

$$\lambda = (1-\lambda)[(1+p_0)\varPhi D_1 - 1]$$
$$\Rightarrow \lambda - [p_1(1-I) + 1 - (1+p_0)\lambda] = -(1-\lambda) \qquad (\text{I}-12)$$
$$\Rightarrow \lambda(1+p_0) - p_1(1-I) = 0$$

$$p_0 = p_1 \Rightarrow 1-I = \frac{\lambda}{p_1} + \lambda \Rightarrow p_1 = \frac{\lambda}{1-I-\lambda} \qquad (\text{I}-13)$$

其中，式（I-13）使用了银行在第 1 天的预算约束：$(1+p_0)[\lambda + (1-\lambda)\varPhi] = p_1(1-I) + 1$。将式（I-13）代入式（I-12），就可以确定投资

额为式（I–14）的解：

$$\frac{\lambda}{1-I-\lambda} = \frac{U'\left(\dfrac{RI}{1-\lambda}\right)}{\varepsilon}R \qquad (I-14)$$

此外，银行自发持有的流动性比率由流动资产与总资产之比决定：

$$\frac{p_1 x(1-I^B)+1}{1+p_0 x} = \frac{p_1(1-I)+1}{1+p_0}$$

$$= \frac{\dfrac{\lambda}{1-I-\lambda}(1-I)+1}{\dfrac{1}{1-I-\lambda}(1-I)} = \frac{1-I-\lambda I}{1-I} = 1 - \frac{\lambda I}{1-I} \qquad (I-15)$$

根据式（I–14），投资随 ε 递减。因此，流动性供给 $1-I$ 随 ε 递增。换句话说，社会福利随 ε 递增。

ε 的临界值 $\hat{\varepsilon}$ 由社会最优投资 I^* 和式（I–14）决定。因此，临界值满足

$$\hat{\varepsilon} = U'\left(\frac{RI^*}{1-\lambda}\right)R\left(\frac{1-I^*-\lambda}{\lambda}\right) = U'\left(\frac{1-I^*}{\lambda}\right)\left(\frac{1-I^*-\lambda}{\lambda}\right)$$

其中，最后一个等式利用了 $U'\left(\dfrac{1-I^*}{\lambda}\right) = U'\left(\dfrac{RI^*}{1-\lambda}\right)R$ 这一性质。

临界值 $\varepsilon_2(l)$ 是由引理 I3 中准备金率 l 等于自发持有流动性这一等式

决定的。在引理 I3 中，当 $\varepsilon < \hat{\varepsilon}$ 时，投资由 $\dfrac{\lambda}{1-I-\lambda} = \dfrac{U'\left(\dfrac{RI}{1-\lambda}\right)}{\varepsilon}R$ 决定，

其中，左侧随 I 递增，右式随 I 递减。因此，I 随 ε 递减，流动性供给 $1-I$ 随 ε 递增。当 $\varepsilon \geq \hat{\varepsilon}$ 时，流动性供给实现最优值 $1-I^*$，与 ε 无关。

附录 J　推论 2.2 的证明

根据式（I–8），由于 $\dfrac{I}{l-1+I} + \dfrac{(1-l)}{(1-I)(1-l)-\lambda lI}$ 的最小值是

$\dfrac{2}{1 - \sqrt{1 - (1 - \lambda)l}}$，只要 $\delta\left(\dfrac{RI}{1 - \lambda}\right)$ 总是小于 $\dfrac{2}{1 - \sqrt{1 - (1 - \lambda)l}}$，导数就是

正的。此时 I 随 ε 递增，流动性供给 $1 - I$ 随 ε 递减。

附录 K　推论 2.3 的证明

当 $\varepsilon \to 0$ 时，根据 $\dfrac{U'(c_1^p + c_2^p)}{p_2} = \varepsilon$ 可知 $p_2 \to \infty$，此时 $p_1 \to \infty$ 也成立。

假设准备金率具有约束力，并且 $p_1 < \infty$，那么长期投资技术的回报率 $\dfrac{p_2 R}{p_1}$

将接近无穷大，通过式（I–2）得出短期回报率为无穷大：

$$D_1 = \frac{D_2}{\tilde{D}} = l + \frac{p_2 R}{p_1 \tilde{D}}(1 - l) \to \infty$$

然而，由于 $p_1 < \infty$，不耐心的消费者将消费无限商品，得出矛盾。

假设准备金率不具有约束力，那么由 $\dfrac{p_2 R}{p_1} = \tilde{D}$，可得 $p_1 \to \infty$。

现在，因为 $p_0 = p_1 \to \infty$，所以定义实际利率为 $d_1 = \dfrac{p_0}{p_1} D_1 = d_1$ 和 $d_2 =$

$\dfrac{p_0}{p_2} D_2 = \dfrac{p_1 \tilde{D}}{p_2} D_1 = d_1 \tilde{d}$。那么，银行的目标就是在预算约束以及流动性约束

$1 - I^B \geqslant l$ 下最大化 $D_1 = d_1$：

$$\text{第 1 天}: [\lambda + (1 - \lambda)\varPhi] d_1 \leqslant 1 - I^B$$
$$\text{第 2 天}: (1 - \lambda)(1 - \varPhi) d_2 \leqslant R I^B$$

比较一下就会发现，这与真实商品模型中的优化问题是一样的。同样地，我们也可以证明消费者的优化问题与真实商品模型中的问题相同。最后，由于货币是无价值的，市场出清条件要求所有耐心的消费者的短期消费品都用来借给不耐心的消费者：

$$\lambda \frac{p_2 R\alpha(1-x)}{\tilde{D}} = (1-\lambda)\Phi D_1 p_0 x$$

也可以表示成:

$$\lambda \frac{p_2 R\alpha(1-x)}{\frac{p_2}{p_1}\tilde{d}} = (1-\lambda)\frac{p_1}{p_0}\Phi d_1 p_0 x$$

或者

$$\lambda \frac{R\alpha(1-x)}{\tilde{d}} = (1-\lambda)\Phi d_1 x$$

这与真实商品模型中的均衡相同。因此，均衡解一定与真实商品模型相同。

第3章

准备金监管套利引致的影子银行的最优监管机制①

3.1
引　言

在第 2 章中，本书已经讨论了准备金监管套利引致的影子银行对经济的影响。当储户可以在私人市场上进行私人交易时，银行的流动性保险职能会受到严重限制，流动性短缺问题就会出现（Jacklin，1987；Allen & Gale，2004）。法里等（2009）提出准备金监管可以解决这一问题，即强制银行持有足够数量的准备金。准备金监管增加了私人市场的流动性供应，缓解了流动性短缺问题。然而，第 2 章的分析已经指出，当存在可以绕过准备金监管的影子银行时，准备金监管会变得无效，甚至会降低社会的流动性供给。

就这一问题，本章讨论了一种财政政策与货币政策配合的方案，以解决因存在私人交易而导致的流动性短缺问题。本章将详细阐述这一解决方案。政府首先发行名义法定货币，并将其转移支付给所有消费者。

---

①　本章的理论分析基础来自本书作者与清华大学何平教授、西南财经大学谢成博助理教授合作的论文 "A Fiscal Theory of Money and Bank Liquidity Provision"（*Journal of Economic Theory*，2023，214：1–29.）。

然后，政府征税并接受名义货币用于缴税，这就为名义货币创造了实际价值。这种政策组合为消费者提供了额外的财富，并在消费者遭受流动性冲击时增加了他们对流动性的需求。这样，银行就有动力提供更多的流动性，流动性短缺问题也就得到了缓解。与法里等（2009）提出的准备金监管方案相比，财政货币政策配合的方案更具激励相容特点。政府不直接监管银行，而是向消费者提供额外财富，从而激励银行自愿提供更多流动性。利率满足无套利条件，这就消除了银行参与影子银行活动的动机。

财政政策对银行体系流动性有着重要影响。财政政策会影响货币的实际价值，这对于缓解流动性短缺问题至关重要。税收为法定货币创造实际价值的观点可以追溯到亚当·斯密在《国富论》中的观点："一个王子，如果颁布法令，规定允许以某种纸币支付一定比例的税款，就可以使这种纸币具有一定的价值。"协调政府支出和税收对于实现最优流动性供给至关重要。

本章对生产技术、银行市场和私人交易市场的假定基本与第2章一致。在这一框架中本章额外引入了政府。政府在第1天开始时发行名义货币并将其转移给所有消费者，并在第1天和第2天征税及进行政府支出。政府在第1天和第2天对所有活跃消费者征收一次总付税，这意味着在第1天向所有消费者征税，而在第2天只向耐心的消费者征税。[①] 消费者用名义货币缴税，这就为本质上无价值的货币创造了实际价值。[②] 政府将在第2天结束时通过税收收回所有名义货币，名义货币的唯一作用就是纳税。在第1天征收的一次总付税被最优地设定为等于第1天的政府支

---

① 本书的研究结果对不同的税收制度都是稳健的。如果政府在第1天和第2天对银行的投资产出按比例征税，以取代对消费者的一次总付税，财政解决方案仍然有效，所有结果在定性上保持不变。

② 本书建立名义货币模型的方法类似于价格水平财政理论（FTPL），该理论由利珀（Leeper，1991）、伍德福德（Woodford，1994，1995）、西姆斯（Sims，1994）和科克伦（Cochrane，1998，2001，2005）提出。

出，因此货币的实际价值由第 2 天政府财政盈余的实际价值决定。这是因为耐心的消费者会使用货币从政府手中购回财政盈余。

引入有财政支撑的名义货币可以通过增加私人市场对消费品的需求来有效缓解流动性短缺问题。政府对消费者的货币转移支付为他们提供了额外的财富。由于允许消费者用货币缴税，耐心的消费者愿意在第 1 天出售消费品以换取货币。因此，不耐心的消费者就有更多的资源在私人市场上购买消费品，从而导致对消费品的需求上升。银行将通过减少投资和提供更多消费品来应对这一需求改变，从而缓解流动性短缺问题。因此，货币在未来财政盈余的支持下储存价值，这有助于政府将流动性从耐心的消费者身上跨期重新分配给不耐心的消费者。这种跨期转移无法通过先收税再补贴不耐心的消费者来实现，这体现了货币的重要价值。

财政盈余在均衡分配中起着重要作用，因为它决定了消费者获得的财富的实际价值。加税会增加财政盈余和货币的实际价值，从而减少均衡投资，因为加税会进一步增加私人市场上缺乏耐心的消费者对商品的需求。因此，适当的税率可以帮助经济实现社会最优配置。当税率低于最优水平时，均衡结果是无效率的，即投资过度和流动性短缺；当税率高于最优水平时，会出现投资不足的问题。

最优税收水平使得财政盈余带来的货币价值恰好能够满足不耐心消费者的流动性需求缺口，即不耐心消费者在社会最优分配中的消费与无货币经济中的消费之间的差距。因此，政府支出对最优税收水平有两方面影响：一方面，较高的政府支出会减少私人部门的资源，导致不耐心消费者的最优消费降低，流动性需求降低，从而导致最优税收水平降低；另一方面，较高的政府支出会减少财政盈余，因此需要提高税收来增加财政盈余。政府支出对最优税收水平的净影响通常是模糊的，取决于消费者效用函数的特性。本章的研究表明，当消费者的效用函数为 CRRA 时，最优税率水平会随着政府支出的增加而降低。在这种情况下，从流动性的角度来看，政府应该在政府支出受到意外增加的冲击后减税，以保持社会的流动性在合理水平。

3.2
模型设定

3.2.1　经济环境

模型的设定与法里等（2009）相似，只是引入了名义货币和政府支出。考虑一个有三个日期（$s \in \{0,1,2\}$）和三类经济主体的经济体：测度为1的连续个消费者、连续个银行和政府。消费品只有一种，既可以消费，也可以投资。每个消费者拥有1个单位的消费品，而银行和政府没有消费品。有一种长期生产技术，即在第0天每投资1个单位的商品，就能在第2天生产出 $R > 1$ 个单位的消费品。所有经济主体都可以储存商品，而只有银行可以使用生产技术。提前清算项目会带来很大的清算成本，为简单起见，本章假定在第1天过早清算会完全毁掉项目，导致产出为零。

1. 消费者

在第0天，所有消费者事前都是相同的，但在第1天会出现个体偏好冲击。每个消费者在第1天开始时都会私下了解自己的偏好类型。概率为 λ 的消费者变得不耐心，只从第1天的消费中获取效用（用类型 $\theta = i$ 表示）；概率为 $1 - \lambda$ 的消费者变得耐心，从第1天和第2天的消费中获取效用（用类型 $\theta = p$ 表示）。不耐心的消费者会在第1天结束时离开经济，而有耐心的消费者则会一直待到第2天结束。本章假设消费者的效用函数满足以下形式：

$$U = \begin{cases} U(c_1), & \theta = i \\ U(c_1 + c_2), & \theta = p \end{cases}$$

其中，c_t 表示消费者在日期 s 的消费，$s \in \{1,2\}$；$U(\cdot)$ 是两次连续可微分、严格递增和严格凹函数，它满足稻田条件，即 $U'(\cdot) > 0$、$U''(\cdot) < 0$、$U'(0) = +\infty$ 且 $U'(\infty) = 0$。此外，与第 2 章相同，假定相对风险厌恶大于 1，即 $-\dfrac{U''(c)c}{U'(c)} > 1$，$\forall c$。

2. 银行

银行是风险中性的，只关心第 2 天结束时的利润总额。由于消费者没有生产技术，他们需要通过银行进行投资。消费者可以将商品存入银行，然后银行进行投资。虽然消费者变得不耐心的概率（λ）是公共信息，但每个消费者的事后类型却是私人信息。因此，银行不能以消费者的类型为条件进行支付。本章假设银行提供活期存款：对于每个单位的消费品，银行提供一个合约 (d_1, d_2)，其中规定了以消费者提取存款的日期为条件的报酬 d_t。也就是说，如果消费者在第 1 天取款，她将获得 d_1；如果她在第 2 天取款，她将获得 d_2。消费者可以在第 1 天提取一部分存款，在第 2 天提取其余存款。由于银行市场是竞争性的，银行的均衡利润为零。

3. 私人市场

与法里等（2009）的研究类似，本章假设消费者在得知自己的类型后，可以在第 1 天进入私人市场，在私人市场上，消费者可以将其在第 2 天的银行存款债权抵押给银行，以换取第 1 天的消费品，或者以市场利率 $\tilde{d}$ 借贷给这些借款人。由于所有经济主体都可以使用存储技术，在任何均衡中 $\tilde{d}$ 都不可能小于 1。由于私人市场的存在，储户可以自由地用任意数额的第 2 天存款交换实物。因此，与第 2 章相同，无套利条件要求在第 2 天取款的现值 $\dfrac{d_2}{\tilde{d}}$ 必须等于在第 1 天取款的价值 d_1，以避免套利。

换言之，考虑到私人市场的利率（$\tilde{d}$），任何均衡状态下的存款合同都必须满足以下条件：

$$d_1 = \frac{d_2}{\tilde{d}} \qquad\qquad (3-1)$$

4. 政府支出、税收、名义货币

本章将政府支出、税收和名义货币引入模型。本章将中央银行和财政部合并为一个实体，因为它们在设定中没有利益冲突，称这个实体为"政府"。政府必须在第 1 天和第 2 天花费一定数量的消费品作为政府支出。在第 0 天，一个外生的政府支出路径 $g_s \geq 0 (s \in \{1,2\})$ 成为公共信息，这意味着政府必须在第 1 天花费 g_1 单位的消费品，在第 2 天花费 g_2 单位的消费品。本章假设政府支出满足 $g_1 + \dfrac{g_2}{R} < 1$，以确保不会耗尽总资源。

政府可以通过一次总付税为支出提供资金。政府在日期 $s \in \{1,2\}$ 对所有仍在经济中的消费者一次性征收 t_s 单位的税。在第 1 天，由于政府无法区分不耐心的消费者和耐心的消费者，要向所有消费者征税，也就是说，不可能在第 1 天只对耐心的消费者征税，并用税收收入补贴不耐心的消费者。在第 2 天，只有耐心的消费者仍然活跃在经济中，因此只对耐心的消费者征税。

在第 1 天开始时，政府发行 M 单位的名义货币，并平均分配给所有消费者。本章考虑财政支撑的名义货币。也就是说，政府允许消费者用货币支付税款，这就为名义货币创造了价值。后面我们将看到，名义货币的价值取决于政府的财政盈余，因此这里注入名义货币的方式本质上是政府债务货币化的过程。特别地，通过财政支撑，模型不再需要像第 2 章一样直接假定货币是实物商品，这使得模型与现实中的名义货币更加贴合。

5. 时间轴

经济的时间轴如下。

第 0 天：政府支出的路径（g_1 和 g_2）实现。政府设定一次总付税 t_1 和 t_2。银行向消费者提供存款合约。消费者将消费品存入银行。然后银行投资 I 单位的商品。

第 1 天：在第 1 天开始时，政府发行 M 单位的名义货币，并平均分配给所有消费者。然后，消费者的偏好冲击实现。不同类型的消费者在私人市场上抵押其存款债权，交换第 1 天的消费品。银行根据存款合同向前来取款的消费者付款。消费者用货币购买价格为 P_1 的消费品。消费者用商品或货币支付第 1 天的税款。如果有消费者在第 1 天用货币支付税款，政府就会用这笔钱购买消费品，以满足政府支出。不耐心的消费者会在第 1 天结束时离开经济。

第 2 天：长期投资回报实现。银行用投资产出兑付存款。耐心的消费者用商品或货币支付第 2 天的税款，然后消费剩下的商品。经济活动结束。

3.2.2　政府融资与优化问题

政府需要利用税收为支出提供资金。本章将首先描述政府的预算约束，然后描述消费者和银行的优化问题。

1. 政府预算约束

在第 1 天，政府征收一次总付税 t_1，以满足政府支出。在不失一般性的前提下，假设有消费者在第 1 天用货币支付税款，政府将使用所有货币在市场上购买消费品，用于政府支出。耐心的消费者愿意出售他们的商品以换取货币，因为他们可以在第 2 天用货币缴税。政府在第 1 天结束时将不会持有任何货币，这等同于第 1 天的所有税收都由消费品支付的情况。不难看出，由于不耐心的消费者在第 1 天遭受流动性冲击，社会福利最大化的政府没有动力征收超出政府支出所需的税收。因此，在第 1 天征收的一次总付税 t_1 应该等于政府支出 g_1。如果政府设定 $t_1 > g_1$ 并利用财政盈余在第 1 天征收一些名义货币，这等同于政府设定 $t_1 = g_1$ 并减少货币发行量的情况。由此可得：

$$t_1 = g_1 \tag{3-2}$$

在第 2 天，政府使用一次总付税 t_2 来支付其支出并收回名义货币。由于消费者在经济活动结束后没有任何持有货币的动机，政府需要通过税收收回所有名义货币。如果消费者使用消费品缴税，政府将把超出政府必要支出的消费品卖给耐心的消费者，以收回货币。因此，政府在第 2 天的预算约束满足：

$$(1-\lambda)t_2 = \frac{M}{P_2} + g_2 \tag{3-3}$$

其中，P_2 是第 2 天消费品的名义价格。政府将在第 2 天结束时通过税收收回所有名义货币。将式（3-3）进行适当变形，得到：

$$\frac{M}{P_2} = (1-\lambda)t_2 - g_2 \tag{3-4}$$

式（3-4）表明，货币在第 2 天的实际价值等于财政盈余。因此，政府必须设置 $t_2 \geq \dfrac{g_2}{1-\lambda}$，否则，当消费者预期未来货币的实际价值为负时，他们将拒绝接受货币的转移支付。

由于货币是私人市场的投资替代品，无套利条件要求货币必须提供与私人市场相同的实际回报（$\tilde{d}$）。这是通过名义价格的变化来实现的。

换句话说，1 单位货币在第 1 天的实际价值（$1/P_1$）必须等于 1 单位货币在第 2 天的实际价值（$1/P_2$），并以私人市场的实际总回报率（$\tilde{d}$）贴现。也就是说，

$$\frac{1}{P_1} = \frac{1}{\tilde{d}} \cdot \frac{1}{P_2} \qquad\qquad (3-5)$$

其中，P_1 是第 1 天消费品的名义价格。将 P_1 与这一关系代入第 2 天的预算约束式（3-4），就得到了第 1 天的货币定价方程：

$$\frac{M}{P_1} = \frac{1}{\tilde{d}}((1-\lambda)t_2 - g_2) \qquad\qquad (3-6)$$

2. 消费者的优化问题

在第 1 天，消费者从政府那里获得 M 单位的货币。然后，在知道自己的类型 θ 后，给定存款合同 (d_1, d_2) 和一次总付税率 (t_1, t_2)，消费者选择在私人市场上借出或借入的金额，以及是否用货币购买消费品，以最大化自己的效用。对于每个消费者来说，这些决策等同于最优化地选择其第 1 天和第 2 天的消费，表示为 (c_1^θ, c_2^θ)，$\theta \in \{i, p\}$，其中 $\theta = i$ 表示不耐心的消费者，$\theta = p$ 表示耐心的消费者。

如果消费者变得不耐心，其只会在第 1 天消费。不耐心的消费者将取出部分存款，并在私人市场上兑换其余存款；其也可以将部分存款兑换成名义货币，然后用货币购买消费品。考虑到无套利条件式（3-1）和式（3-5），这些选择都是无差异的，并且在第 1 天为每单位存款提供的回报都是 $d_1 = \frac{d_2}{\tilde{d}}$。此外，不耐心的消费者会将持有 M 的货币用于缴税或购买消费品。由于在第 1 天只有一种商品价格，不耐心的消费者在用钱缴税和购买商品之间是无差异的。因此，不耐心的消费者的预算约束为：

$$c_1^i = d_1 + \frac{M}{P_1} - t_1 \qquad\qquad (3-7)$$

另一方面，在第 1 天，耐心的消费者可以提前提取部分存款，在私人市场上借出第 1 天的消费品；其也可以出售一些消费品来获得资金；最后，其会在第 2 天取出剩余的存款。考虑到无套利条件式（3-1）和式（3-5），这些选择都会为第 2 天的每单位存款提供相同的报酬 $d_2 = d_1 \tilde{d}$。由于 $\tilde{d} \geqslant 1$，耐心的消费者总是倾向于在第 2 天消费，因此 $c_1^p = 0$。耐心的消费者的预算约束满足：

$$\frac{M_2^p}{P_1} + s^p = \phi^p d_1 + \frac{M}{P_1} - t_1$$

$$c_2^p = (1 - \phi^p) d_2 + \tilde{d} s^p + \frac{M_2^p}{P_2} - t_2$$

其中，ϕ^p 是提前支取的存款份额，M_2^p 是第 1 天结束时的货币持有量，s^p 是私人市场上的实际储蓄。由于消费者是价格接受者，将式（3-1）和式（3-5）代入第二个等式，用 $\tilde{d}$ 对其两边进行贴现，并将其与第一个等式相加，并注意到在对称均衡中耐心的消费者在第 1 天结束时同样持有所有货币存量 $\left(M_2^p = \frac{M}{1-\lambda} \right)$，即可得到耐心消费者的预算约束为：

$$c_2^p = (d_1 - t_1) \tilde{d} + \frac{M}{P_2} - t_2 \qquad (3-8)$$

在第 0 天，消费者选择最优存款合约，以最大化期望效用

$$\lambda U(c_1^i) + (1 - \lambda) U(c_1^p + c_2^p) \qquad (3-9)$$

使得 c_1^i 满足式（3-7），$c_1^p = 0$，c_2^p 满足式（3-8）。

3. 银行的优化问题

给定预期市场利率 $\tilde{d}$，银行竞争性地提供存款合约 (d_1, d_2)，并在第 0 天投资 I 单位的商品，以实现利润最大化，条件是存款合同为储户提供的事前期望效用必须不小于均衡效用。由于只有银行可以使用长期生产技术，而消费者在第 0 天将其所有消费品存入银行，I 也是总投资。

　　该问题的对偶形式更容易理解，即银行在消费者的预算约束下，最大化消费者在 0 天的事前期望效用。具体来说，消费者的预算约束式（3 - 7）和式（3 - 8）表明，消费者的事前期望效用随着短期回报率 d_1 的增加而单调增加。因此，银行的优化问题是在无套利条件式（3 - 1）和消费者的预算约束下提供尽可能高的短期收益 d_1：

$$\max_I d_1$$

$$\text{s. t.} \quad d_1 = \frac{d_2}{\tilde{d}} \tag{3 - 10}$$

$$[\lambda \phi^i + (1 - \lambda) \phi^p] d_1 \leqslant 1 - I$$

$$[\lambda (1 - \phi^i) + (1 - \lambda)(1 - \phi^p)] d_2 \leqslant RI$$

其中，第一个约束是无套利条件式（3 - 1），第二个和第三个约束分别是第 1 天和第 2 天的预算约束。$\phi^\theta, \theta \in \{i, p\}$ 表示不耐心和耐心的消费者提前支取存款的比例。由于不存在总体不确定性，银行可以理性、准确地预期 $\phi^\theta, \theta \in \{i, p\}$。不失一般性地，本章重点讨论不耐心的消费者在第 1 天提取所有存款的均衡，即 $\phi^i = 1$。

　　使用 $\phi^p = \phi$ 来简化符号，优化问题就变成：

$$\max_I d_1$$

$$\text{s. t.} \quad d_1 = \frac{d_2}{\tilde{d}} \tag{3 - 11}$$

$$[\lambda + (1 - \lambda) \phi] d_1 \leqslant 1 - I$$

$$(1 - \lambda)(1 - \phi) d_2 \leqslant RI$$

　　注意，预算约束可以合并为一个约束：

$$[\lambda + (1 - \lambda) \phi] d_1 + \frac{(1 - \lambda)(1 - \phi) d_2}{R} \leqslant 1 \tag{3 - 12}$$

这表明银行负债的现值不能超过其资产的现值。

3.2.3　社会最优资源配置

本节首先求解社会最优资源配置，为福利分析提供一个基准情况。由于市场是竞争性的，银行的均衡利润为零。因此，社会福利以消费者事前的期望效用来衡量：

$$\lambda U(c_1^i) + (1-\lambda)U(c_1^p + c_2^p) \qquad (3-13)$$

受第 1 天和第 2 天的预算限制。按照利珀等（2017）以及巴塞托和崔（Bassetto & Cui，2021）等文献中的惯例，我们假定政府支出是纯粹的成本，不直接考虑社会福利函数中的政府支出。

仍然用 I 表示经济的总投资，资源分配必须满足以下预算约束：

$$\lambda c_1^i + (1-\lambda)c_1^p \leqslant 1 - I - g_1$$

$$(1-\lambda)c_2^p \leqslant RI - g_2$$

简洁起见，用 ω 表示私营部门在第 0 天可以使用的资源的贴现值，即 $\omega = 1 - g_1 - \dfrac{g_2}{R}$。由于第 0 天和第 1 天之间的实际收益为 0，g_1 没有贴现，而由于第 0 天和第 2 天之间的实际收益为 R，g_2 按 R 贴现。然后，这两个预算约束条件可以合并为：

$$\lambda c_1^i + (1-\lambda)\left(c_1^p + \frac{c_2^p}{R}\right) \leqslant \omega \qquad (3-14)$$

根据预算约束式（3-14）可知社会规划者的优化问题与戴蒙德和迪布韦克（1983 年）以及法里等（2009 年）研究中的问题基本相同。唯一不同的是，初始禀赋是 ω 单位的商品，而不是 1 单位的商品。当 $R > 1$ 时，在社会最优分配中 $c_1^p = 0$，社会最优消费束满足受预算约束式（3-14）的一阶条件：

$$U'(c_1^i) = RU'(c_2^p) \qquad (3-15)$$

本章将社会最优问题的解表示为 $c_1^i = c_1^*$ 和 $c_2^p = c_2^*$。因为相对风险厌恶程度大于 1，所以 $c_1^* > \omega$ 和 $c_2^* < R\omega$，最优投资 I^* 满足 $I^* < (1-\lambda)(1-g_1) + \lambda \frac{g_2}{R}$。特别是，当没有政府支出时，社会最优投资满足 $I^* < 1 - \lambda$。

3.3
竞争均衡

本节将首先定义和描述对称竞争均衡。本节将提出一个没有货币的经济作为基准，然后给出货币经济的性质；研究社会福利最大化的最优财政政策，并分析其政策含义；比较该财政政策与其他解决方案，如法里等（2009）提出的准备金监管的差别，并指出本节给出的政策是存在影子银行情况下可行的政策。

均衡的定义如下。

定义 3.1　一个有政府支出冲击 (g_1, g_2)、第 1 天和第 2 天的一次总付税 (t_1, t_2)、货币发行量 (M) 的竞争性均衡，是一个包含了分配 $(c_1^\theta, c_2^\theta)_{\theta \in \{i,p\}}$、存款合同 (d_1, d_2)、投资 I、耐心的消费者在第 1 天提前支取的存款部分 ϕ、第 1 天的私人市场利率 $\tilde{d}$，以及第 1 天和第 2 天的消费品价格 (P_1, P_2) 的集合，使得：

（1）给定政府支出 (g_1, g_2) 和一次总付税 (t_1, t_2)，货币的实际价值满足式（3-4）和式（3-6），且 $t_1 = g_1$；

（2）给定 ϕ、$\tilde{d}$，每家银行选择 (d_1, d_2) 以最大化短期存款回报 d_1，满足预算约束式（3-12）和激励相容约束式（3-1）；

（3）给定 $\tilde{d}$、货币发行规模 M、一次性总付税 (t_1, t_2)、存款合同 (d_1, d_2)、消费品价格 (P_1, P_2)，消费者选择 $(c_1^\theta, c_2^\theta)_{\theta \in \{i,p\}}$ 来最大化他们的期望效用式（3-9），预算约束为式（3-7）和式（3-8）；

（4）耐心的消费者在第 1 天提前支取的存款比例 ϕ 使市场出清，即

$$\lambda \frac{M}{P_1} = (1 - \lambda)(\phi d_1 - t_1) \qquad (3-16)$$

其中，条件（1）描述了货币实际价值和财政盈余之间的关系；条件（2）和条件（3）描述了银行和消费者的最优行为；条件（4）是私人市场的市场出清条件，即不耐心的消费者使用名义货币从耐心的消费者那里购买消费品的市场需要出清。

3.3.1 无货币基准情况

无货币基准情况与第 2 章中无影子银行情况基本相似，唯一差别是存在政府支出。本节将给出这一均衡情况并作为后续分析的基准。假设政府不发行任何名义货币，即 $M = 0$。在这种情况下，政府的预算约束变为 $t_1 = g_1$ 和 $t_2 = \frac{g_2}{1 - \lambda}$。本节将证明，没有货币的分配通常是低效的，这就为发行名义货币提供了动力。

与第 2 章相同，由于无套利条件决定了均衡利率之间的关系，包括市场利率 $\tilde{d}$ 和存款合约 (d_1, d_2)。

引理 3.1 任何均衡中都有 $\tilde{d} = R$、$d_1 = 1$ 和 $d_2 = R$。

证明： 见本章附录 A。

均衡利率由无套利条件决定。直观地说，银行会比较长期投资的收益 R 和私人市场的收益 $\tilde{d}$ 来作出投资决策。在私人市场存在的情况下，这两个收益必须相等，否则，银行就可以利用套利机会向消费者提供更好的合同。只有 $\tilde{d} = R$ 才能达到均衡。给定私人市场的利率 $\tilde{d} = R$，银行不能提供 $d_1 > 1$，因为无套利条件 $d_2 = d_1 \tilde{d}$ 意味着 $d_2 > R$，银行将有负利润。那么，银行能够提供的最佳存款合同就是 $(d_1, d_2) = (1, R)$，这也就成为了均衡存款合同。

需要指出的是，均衡利率完全由银行和消费者的无套利条件决定，与政府支出或税收无关。因此，引理 3.1 的结果适用于所有均衡。由此，本节有如下命题：

均衡利率完全由银行和消费者的无套利条件决定，与政府支出或一次总付税无关。

定理 3.1　在没有货币的经济中，竞争性均衡满足以下条件：

(1) 税收：$t_1 = g_1$，$t_2 = \dfrac{g_2}{1-\lambda}$；

(2) 利率：$\tilde{d} = R, d_1 = 1, d_2 = R$；

(3) 消费：$c_1^i = 1 - g_1, c_1^p = 0, c_2^p = R(1-g_1) - \dfrac{g_2}{1-\lambda}$；

(4) 提前支取存款的比例：$\phi = g_1$；

(5) 投资：$I = (1-\lambda)(1-g_1)$。

证明：见本章附录 B。

将定理 3.1 中的分配社会最优资源配置进行比较，可以发现没有货币的经济的效率取决于政府支出的规模，这是本章不同于第 2 章的新结果。

推论 3.1　在一个没有货币的经济体中，存在一个第 2 天的政府支出的临界值，记为 $\overline{g_2}$，随后有如下结果：

(1) 如果 $g_2 < \overline{g_2}$，均衡投资大于社会最优投资。经济存在过度投资问题，不耐心的消费者流动性不足。

(2) 如果 $g_2 = \overline{g_2}$，则社会最优资源配置可以实现。

(3) 如果 $g_2 > \overline{g_2}$，均衡投资小于社会最优投资。经济存在投资不足的问题，不耐心的消费者拥有过多的流动性。

证明：见本章附录 C。

在没有政府支出的情况下，资源分配由 $c_1^i = 1$ 和 $c_2^p = R$ 给出。该经济特征是在有私人市场的银行体系中存在典型的流动性短缺问题，该问题最早由杰克林（1987）提出，艾伦和盖尔（2004）以及法里等（2009）对其进行了深入分析。私人市场的存在破坏了戴蒙德和迪布韦克（1983）

提出的银行流动性风险分担功能。社会最优配置要求市场利率低于无套利利率，即 $\tilde{d} < R$。然而，如果不对银行行为加以限制，私人交易会将利率推高至 $\tilde{d} = R$。

第 1 天的政府支出对不耐心的消费者和耐心的消费者的影响是对称的，相比之下，第 2 天的政府支出融资对不耐心的消费者和耐心的消费者具有非对称的分配效应。由于第 2 天的一次总付税只对耐心的消费者征收，政府在第 2 天的支出（g_2）越高，耐心的消费者的税收负担就越重。相应地，社会最优投资（I^*）就需要更高，以补偿耐心的消费者更重的税收负担。

因此，当第 2 天的政府支出（g_2）较低时，定理 3.1 所描述的竞争均衡中的投资高于社会最优投资（I^*）。经济存在过度投资问题，不耐心的消费者存在流动性短缺问题。当第 2 天的政府支出较高时，竞争均衡中的投资低于社会最优投资。经济出现投资不足问题，不耐心的消费者出现流动性过剩问题。只有当第 2 天的政府支出等于一个特定值时，经济才能实现社会最优配置。

本章将重点讨论第 2 天的政府支出较低、缺乏耐心的消费者存在流动性短缺问题的情况。这一情况与第 2 章所讨论的情况相对应。因此，以下的讨论将会假设第 2 天的政府支出满足 $g_2 < \overline{g_2}$。此时经济存在过度投资问题，不耐心的消费者的流动性不足。本章将研究引入有财政支撑的名义货币如何帮助解决过度投资和流动性不足问题。请注意，在此假设下，没有政府支出的经济（$g_1 = 0$ 和 $g_2 = 0$）是一个特例。因此，本章的模型结果可以适用于没有政府支出的情况，即本章的政策可以对应解决第 2 章的流动性不足问题。

3.3.2　存在货币的均衡

本节将研究存在货币经济，即 $M \neq 0$，以说明在财政支撑下发行名义货币如何有助于缓解流动性不足和过度投资问题。定理 3.2 描述了货币发行均衡的特征。

定理 3.2　在一个货币发行规模为 M，且第 2 天一次性征税 $t_2 \geqslant \dfrac{g_2}{1-\lambda}$ 的经济中，竞争均衡满足以下条件：

（1）利率：$\tilde{d} = R$，$d_1 = 1$，$d_2 = R$；

（2）第 1 天的税收和价格：$t_1 = g_1$ 且 $P_1 = \dfrac{R}{(1-\lambda)t_2 - g_2}M$，$P_2 = \dfrac{M}{(1-\lambda)t_2 - g_2}$；

（3）消费：$c_1^i = 1 - g_1 + \dfrac{1}{R}((1-\lambda)t_2 - g_2)$，$c_1^p = 0$，$c_2^p = R\left(1 - g_1 - \dfrac{g_2}{R} - \lambda\dfrac{t_2}{R}\right)$；

（4）提前支取存款的比例：$\phi = \dfrac{\lambda}{R}\left(t_2 - \dfrac{g_2}{1-\lambda}\right) + g_1$；

（5）投资：$I = (1-\lambda)(1-g_1) - \dfrac{\lambda}{R}((1-\lambda)t_2 - g_2)$。

证明：见本章附录 D。

在发行名义货币的情况下，第 2 天的一次总付税（t_2）不一定等于第 2 天的政府支出（g_2），因为第 2 天的税收不仅用于政府支出，还用于收回所有名义货币。因此，t_2 成为一个政策变量，它决定了财政盈余和货币的实际价值。

引入有财政支撑的名义货币会增加私人市场对消费品的需求，这有助于缓解过度投资问题。具体来说，货币转移为消费者在第 1 天提供了额外的财富。由于允许消费者用货币缴税，耐心的消费者愿意出售消费品来换取货币。那么，不耐心的消费者就有更多的资源在私人市场上购买消费品，从而增加了对消费品的需求。私人市场上的利率（$\tilde{d}$）是由无套利条件决定的，并保持在 R 不变，因此市场出清条件要求更高的消费品供给，这意味着更低的投资额。如果消费品供给保持不变，私人市场上的利率（$\tilde{d}$）将大于 R，这将促使银行减少投资，持有更多的消费品。这就促使利率回到 R，均衡投资降低。因此，过度投资问题就得到了缓解。只要货币的实际价值为正，引入名义货币就是有效的。

请注意，定理 3.2 表明，第 2 天的财政盈余 $(1-\lambda)t_2 - g_2$ 决定了均衡分配。这是因为货币的实际价值是由第 2 天的财政盈余决定的，如式（3-4）所示。政府必须首先获得 g_2 单位的消费品为政府支出提供资金，超出的税收（财政盈余）将被用来收回名义货币。因此，财政盈余越多，货币的实际价值就越高。

另外，这个机制也可以看作政府首先使用第 2 天的一次总付税 $(1-\lambda)t_2$ 来完成政府支出 g_2，然后把剩余的商品（财政盈余）卖给耐心的消费者以换取货币。这同样意味着货币的实际价值会随着财政盈余的增加而增加。

本章提出了货币在银行系统经济中的新角色。货币的功能是在未来财政盈余的支持下储存价值，帮助政府将流动性从耐心的消费者手中重新分配给不耐心的消费者。政府向耐心的消费者征税，同时向所有消费者分配货币。因此，这一政策的净效果是将流动性从耐心的消费者转移给不耐心的消费者。要实现这种跨时期的流动性重新分配，货币是不可或缺的。如果没有名义货币，政府要想重新分配流动性，就必须先征税，然后再提供补贴。这导致政府无法用第 2 天的财政收入来补贴第 1 天不耐心的消费者。此外，由于信息不对称，仅对第 0 日和第 1 日的耐心消费者征税也不可行。通过发行有财政支撑的名义货币，政府可以先提供补贴，然后用未来的税收收入来收回资金。因此，政府可以利用第 2 天的财政收入（该收入完全来自耐心的消费者）来补贴第 1 天的不耐心消费者。因此，货币有助于政府对流动性进行跨期再分配。

推论 3.2 给出了均衡的比较静态分析。

推论 3.2 在货币发行量为 M 和第 2 天税率为 t_2 的对称竞争均衡中，

（1）真实资源配置与货币发行量 M 无关，并且与 t_2 有如下关系：

① 投资随 t_2 递减；

② 不耐心的消费者的消费随 t_2 增加，耐心的消费者的消费随 t_2 递减；

③ 提前支取存款的比例随 t_2 递增。

（2）消费品的价格（P_1 和 P_2）与 M 成正比，并随 t_2 递减。

证明： 见本章附录 E。

给定第 2 天的政府支出（g_2），第 2 天较高的一次总付税（t_2）意味着第 2 天较高的财政盈余。由于货币的实际价值会随着第 2 天财政盈余的增加而增加，消费者在第 1 天会获得更多财富，这将进一步增加第 1 天对消费品的需求，并减少均衡投资；进而将导致不耐心的消费者的消费增加，而耐心的消费者的消费减少。此外，耐心的消费者会更多地提前支取存款，以满足不耐心的消费者在第 1 天对商品的额外需求。

最后，货币发行量 M 只影响价格水平，对实际分配没有影响。在税收不变的情况下，名义货币的发行只会带来通货膨胀，而不会影响实际分配。这一结果从流动性角度揭示了纯粹的财政赤字货币化的无效性。反之，财政货币相协调的政策才能解决流动性问题。

3.4
最优财政政策

3.4.1 最优税率

第 3.3 节讨论了均衡的性质，并解释了发行有财政支撑的名义货币如何有助于缓解过度投资问题。本节将给出使社会福利最大化的最优财政政策。

社会福利用式（3-13）中定义的消费者在第 0 天的期望效用来衡量。正如前面的分析所示，第 2 天的一次总付税的规模决定了实际货币价值，对银行系统的效率至关重要。定理 3.3 表明，存在一个最优税率水平，能够帮助经济实现社会最优资源配置，偏离最优税率水平将带来福利损失。

定理 3.3 将第 2 天的一次总付税额 t_2 设定为 $t_2^* \equiv \frac{R}{1-\lambda}(c_1^* - 1 + g_1) + \frac{g_2}{1-\lambda}$ 的财政政策能够实现社会最优资源配置，其中 c_1^* 是不耐心消费者在社会最优资源配置下的消费水平。当 $t_2 < t_2^*$ 时，均衡投资 I 高于社会最优投资 I^*；当 $t_2 > t_2^*$ 时，均衡投资低于 I^*。

证明： 见本章附录 F。

定理 3.3 表明，合理设定税率可以帮助经济实现社会最优配置。当税率低于最优水平，即财政政策干预不足时，会出现过度投资问题。在这种情况下，增加税收可以有效提高名义货币的实际价值，在第 1 天为消费者提供更多的财富，缓解不耐心的消费者流动性短缺问题，对应均衡中投资量减少。因此，提高第 2 天的税率可以改善银行为消费者提供的流动性保险。

当税率高于最优水平时，名义货币的实际价值过高，导致第 1 天私人市场对消费品的需求过大，均衡投资过低。耐心的消费者流动性不足。此时存在投资不足问题。因此，经济需要最优设定税率以实现社会最优资源配置。

最优税率应当设定为使财政盈余能够恰好满足不耐心的消费者的流动性需求的水平，其等于不耐心的消费者在社会最优配置和没有货币的经济中的消费差。为了说明这一点，可以将定理 3.3 中的 t_2^* 函数重写为：

$$\frac{(1-\lambda)t_2^* - g_2}{R} = c_1^* - (1 - g_1) \qquad (3-17)$$

等式左边是财政盈余的现值，右边是不耐心的消费者的流动性需求。在没有货币的经济中，不耐心的消费者会消费 $c_1^i = 1 - g_1$ 单位的商品。在社会最优资源配置中，不耐心的消费者消费 c_1^* 单位的商品，缺口为 $c_1^* - (1 - g_1)$。最优税率确保了由财政盈余现值决定的货币实际价值恰好足以补偿不耐心的消费者的流动性缺口。

注意，此处财政政策只需讨论第 2 天（t_2）的最优一次总付税，因为第 1 天（t_1）的最优一次总付税总是等于第 1 天的政府支出（g_1）。这是因为任何高于 g_1 的第 1 天一次总付税都会减少不耐心的消费者持有的可用流动性，从而导致更严重的流动性短缺问题和社会福利的下降。因此，政府总是将第 1 天的最优一次总付税设定为 $t_1 = g_1$。

3.4.2   最优财政政策的比较静态分析

定理 3.4 描述了第 2 天的最优一次总付税（t_2^*）如何受到长期生产技术收益率（R）和政府支出（g_1 和 g_2）的影响。

定理 3.4   第 2 天的最优一次总付税 t_2^*，

（1）随长期生产技术回报 R 的增加而增加；

（2）当消费者的效用函数具有常相对风险规避（CRRA）时，随政府支出（g_1 和 g_2）的增加而减少。

证明： 见本章附录 G。

定理 3.4 表明，最优税率随着长期生产技术收益的增加而增加。由于消费者的相对风险厌恶程度大于 1，社会最优投资会随着长期回报的增加而减少。因此，当长期收益变高时，需要征收更多的税来减少均衡投资。

关于最优税收与政府支出之间的关系，考虑财政盈余与不耐心消费者的流动性需求之间关系［式（3 - 17）］。最优税率使得财政盈余能够恰好满足不耐心消费者的流动性需求，这等于不耐心消费者在社会最优分配（c_1^*）和无货币经济（$1-g_1$）中的消费差距。那么，在第 1 天较高的政府支出（g_1）会对最优税收产生两方面影响：一方面，它会减少私人部门的可用资源，即 $\omega = 1 - g_1 - \dfrac{g_2}{R}$，从而导致不耐心的消费者的最优消费降低（$c_1^*$），这种效应缩小了消费缺口，导致不耐心的消费者对流动性的需求降低，因此最优税率降低；另一方面，在没有货币的经济中，第 1 天较高的政府支出也会减少不耐心的消费者的消费（$1-g_1$），从而扩大缺口，导致不耐心的消费者对流动性的需求增加，这种效应导致最优税率提高。

第 2 天较高的政府支出（g_2）也会产生两种效应：一方面，它也减少了私人部门的可用资源，从而降低了不耐心消费者的最优消费（c_1^*），并降低了不耐心消费者的流动性需求，这种效应导致最优税率降低；另一方面，它减少了财政盈余，这就需要更高的税收来提高财政盈余。

g_1 和 g_2 对最优税率的净效应通常不能直接确定，取决于消费者效用函数的性质。然而，可以证明，当消费者的效用函数为 CRRA 时，最优税率会随着政府在第 1 天和第 2 天的支出（g_1 和 g_2）而减少。在这种情况下，从流动性的角度来看，政府应该在政府支出受到正冲击后减税。因此，本章提出了在政府支出扩张（收缩）的环境下减税（增税）的新理由。传统观点认为，减税和政府支出扩张是促进经济产出的相互独立的工具。然而，在本章的模型中，减税是对政府支出扩张的最优反应，以维持最优的流动性供给。因此，本章从流动性的角度强调了协调政府支出和税收的重要性。

3.4.3　财政货币政策配合、银行监管与影子银行

本节将比较本章流动性短缺问题的财政解决方案与法里等（2009）提出的对银行实施流动性监管的解决方案，并说明本章所提出的方案在

影子银行存在的情况下仍然是适用的。为了简化符号,本章的讨论基于 $g_1 = g_2 = 0$ 的情况,即低效率完全来自私人交易带来的流动性不足问题。[1] 在这种情况下,社会最优分配满足 $c_1^* > 1$ 和 $c_2^* < R$。

戴蒙德和迪布韦克(1983)的经典结果表明,银行体系能提供最优的流动性保险。然而,杰克林(1987)、艾伦和盖尔(2004)以及法里等(2009)的研究表明,当存款合约可以在私人市场上交易时,最优配置是不可持续的,因为银行可以在第 0 天进行更多投资,并让消费者在私人市场上进行交易。存款利率由无套利条件决定,流动性风险分担受到限制。因此,政府政策对获得最优实际分配至关重要。

法里等(2009)提出的一个解决方案是对银行实施准备金监管。这一监管策略在第 2 章已经讨论过,监管机构可以通过对银行投资组合施加限制,要求银行持有更多流动性。具体来说,监管者要求银行在第 0 天至少持有 λc_1^* 单位的消费品,这将增加第 1 天私人市场的流动性供给。私人市场的利率因此降低,从而放松了对流动性风险分担的约束,社会最优资源配置可以实现。

然而,准备金监管政策的缺点是其有效性取决于监管体系的能力。第 2 章的讨论已经证明,在存在影子银行的情况下,除非监管机构能够有效监管影子银行,否则准备金监管是无效的。而监管机构监管影子银行往往面临着很大的难度,银行有动机通过从事影子银行活动来规避准备金监管。银行可以将资产移出资产负债表,如通过资产证券化、银信合作、理财产品等方式规避准备金监管。因此,要使政策有效,监管机构需要不断扩大监管范围,以纳入新的影子银行活动,这可能是一个相当大的挑战。

相比之下,财政货币政策配合的解决方案是更有效、更稳健的政策

---

[1]　正如前文已经讨论的,社会规划者的优化问题与戴蒙德和迪布韦克(1983)以及法里等(2009)研究中的问题基本相同。唯一不同的是,禀赋从 1 单位商品变为 $\omega \leq 1$ 单位商品。

选择。这种政策方案是激励相容的，由于不需要对银行施加任何准备金监管，银行没有动力开展影子银行业务。具体而言，名义货币转移和征税为消费者提供了额外财富，增加了私人市场对消费品的需求，因此银行自发地会提高流动性供给。这种方法在解决因私人市场的存在而产生的过度投资和流动性风险分担不足的问题方面更加以市场为基础。政府不直接监管银行，而是向消费者提供额外的流动性，激励银行自愿减少投资，持有更多的消费品。由于市场利率继续满足无套利条件，银行就没有从事影子银行活动的动机。即使在存在影子银行的情况下，该政策也是稳健有效的，因为它使银行的投资动机与社会最优资源配置相一致。

财政货币政策配合的解决方案的主要制约因素是税率的调整容易受到其他因素的影响。银行监管机构通常无法直接控制税率。即使税率可以改变，但调整速度往往很慢。在税率能够有效调整以前，可能经济会面临较长时间的流动性不足问题，税率可能也无法完全按照流动性的需求来调整。因此，财政货币政策配合的解决方案的有效性需要银行监管机构与财政政策制定者之间的密切协调。如果税率受到其他因素的制约较多，完全无法响应流动性短缺问题，可能监管机构仍然需要扩大监管政策的覆盖面，将影子银行直接纳入监管中。

附录 A　引理 3.1 的证明

预算约束满足：

$$[\lambda\phi^i + (1-\lambda)\phi^p]d_1 = 1 - I$$
$$[\lambda(1-\phi^i) + (1-\lambda)(1-\phi^p)]d_2 = RI$$

结合式（3-1），

$$[\lambda\phi^i + (1-\lambda)\phi^p]d_1 + [\lambda(1-\phi^i) + (1-\lambda)(1-\phi^p)]\frac{d_2}{\tilde{d}} = d_1$$

可得：
$$d_1 = 1 - I + \frac{R}{\tilde{d}} I$$

由此，$R > \tilde{d}$ 意味着 $I = 1$，$R < \tilde{d}$ 意味着 $I = 0$，这两种情况在均衡状态下都是不可能的。因此，$\tilde{d} = R$，这意味着 $d_1 = 1$。由此可得 $d_2 = d_1 \tilde{d} = d_1 R = R$。

附录 B 定理 3.1 的证明

首先，给定 $M = 0$，税收可以从政府预算式（3-2）和式（3-3）中得出。

接下来，有了税收和利率，消费即可确定。

$$c_1^i = d_1 - t_1 = 1 - g_1$$

$$c_1^p = 0$$

$$c_2^p = d_2 - \tilde{d} t_1 - t_2 = R(1 - g_1) - \frac{g_2}{1 - \lambda}$$

此外，根据市场出清条件式（3-16），$M = 0$ 意味着 $\frac{M}{P_1} = (1 - \lambda)(\phi d_1 - t_1) = 0$，可以解出 $\phi = \frac{t_1}{d_1} = g_1$。第 1 天的资源约束为 $1 - I = \lambda c_1^i + g_1$，有 $I = (1 - \lambda)(1 - g_1)$。

附录 C 推论 3.1 的证明

我们将耐心消费者的均衡消费 $c_1^i = 1 - g_1$ 与 3.2.3 节中定义的社会最优消费 c_1^* 进行比较。$c_1^i < c_1^*$ 意味着均衡投资大于社会最优分配，而 $c_1^i < c_1^*$ 意味着投资不足问题。因此，临界值 $\overline{g_2}$ 满足 $1 - g_1 = c_1^*$。

随着 g_2 的增大，由于资源约束式（3-14）所隐含的财富效应，

c_1^* 会随着 g_2 的增大而减小。由此可得：

$$c_1^i \begin{cases} < c_1^*, & g_2 < \overline{g_2} \\ = c_1^*, & g_2 = \overline{g_2} \\ > c_1^*, & g_2 > \overline{g_2} \end{cases}$$

因此，$g_2 < \overline{g_2}$ 意味着流动性短缺，$g_2 > \overline{g_2}$ 意味着投资不足。

附录 D 定理 3.2 的证明

首先，由于银行的优化问题没有改变，$\tilde{d} = R$ 仍然成立。同样，存款合同仍然满足 $d_1 = 1$、$d_2 = R$。然后，根据价格水平的财政理论（FTPL）定价式（3-4），可以计算出第 2 天名义货币的实际价值：

$$\frac{M}{P_2} = (1 - \lambda) t_2 - g_2$$

由此，我们可以得到 $P_2 = \dfrac{M}{(1 - \lambda) t_2 - g_2}$。根据货币定价式（3-5），可以得到 $P_1 = \tilde{d} P_2 = \dfrac{R}{(1 - \lambda) t_2 - g_2} M$。

其次，不耐心的消费者的消费可以由式（3-7）得出：

$$c_1^i = d_1 - t_1 + \frac{M}{P_1} = d_1 - g_1 + \frac{M}{P_1} = 1 - g_1 + \frac{1}{R}((1 - \lambda) t_2 - g_2)$$

其中，第一个等号使用政府预算式（3-2），第二个等号来自式（3-6），并且 $\tilde{d} = R$、$d_1 = 1$。同样，耐心的消费者的消费满足：

$$c_1^p = 0$$

$$c_2^p = \tilde{d}\left(d_1 - t_1 - \frac{t_2}{\tilde{d}}\right)$$

$$= R\left(1 - g_1 - \frac{t_2}{R} + \frac{M}{P_1}\right)$$

$$= R\left(1 - g_1 - \frac{t_2}{R} + \frac{1}{R}\left((1 - \lambda)t_2 - g_2\right)\right)$$

$$= R\left(1 - g_1 - \frac{g_2}{R} - \lambda\frac{t_2}{R}\right)$$

同样地，应用式（3-6）和政府预算式（3-2），以及 $\tilde{d} = R$ 和 $d_1 = 1$。由于耐心的消费者在第 2 天持有所有货币，$M^p = \dfrac{M}{1 - \lambda}$。

接下来，私人市场出清意味着：

$$\lambda\frac{M}{P_1} = (1 - \lambda)(\phi d_1 - t_1)$$

$$\Rightarrow \lambda\frac{1}{\tilde{d}}\frac{M_2}{P_2} = (1 - \lambda)(\phi - g_1)$$

$$\Rightarrow \lambda\frac{1}{R}\left((1 - \lambda)t_2 - g_2\right) = (1 - \lambda)(\phi - g_1)$$

$$\Rightarrow \phi = \frac{\lambda}{R}\left(t_2 - \frac{g_2}{1 - \lambda}\right) + g_1$$

最后，第 1 天的资源满足：

$$1 - I = \lambda c_1^i + g_1$$

于是有：

$$I = (1 - \lambda)(1 - g_1) - \frac{\lambda}{R}\left((1 - \lambda)t_2 - g_2\right)$$

附录 E　推论 3.2 的证明

通过对定理 3.1 中的资源配置和价格关于 t_2 和 M 求导即可证明命题的第（1）条。

$$\frac{\mathrm{d}I}{\mathrm{d}t_2} = -\frac{\lambda(1 - \lambda)}{R}$$

$$\frac{\mathrm{d}c_1^i}{\mathrm{d}t_2} = \frac{1-\lambda}{R}$$

$$\frac{\mathrm{d}c_2^p}{\mathrm{d}t_2} = -\lambda$$

随后，显然 P_1 和 P_2 与 M 成正比。注意到：

$$\frac{\mathrm{d}P_2}{\mathrm{d}t_2} = -\frac{1-\lambda}{[(1-\lambda)t_2 - g_2]^2}M$$

这意味着 P_1 和 P_2 随 t_2 的增大而减小。

附录 F 定理 3.3 的证明

根据定理 3.2，均衡中第 1 天不耐心消费者的消费满足以下条件：

$$c_1^i = 1 - g_1 + \frac{1}{R}((1-\lambda)t_2 - g_2)$$

$$= 1 - g_1 - \frac{g_2}{R} + \frac{1-\lambda}{R}t_2$$

通过让它等于 3.2.3 节中社会最优消费中的 c_1^*，可以求解 t_2^*。需要注意的是，竞争均衡中的贴现消费受到规划问题中的预算约束的制约，即式（3-12）：

$$\lambda c_1^i + (1-\lambda)\left(c_1^p + \frac{c_2^p}{R}\right) = \omega$$

其中，$\omega = 1 - g_1 - \frac{g_2}{R}$ 表示私人消费的总资源。因此，只要不耐心的消费者的消费是社会最优的，那么耐心的消费者的消费也是社会最优的。同样，投资也是最优的。

由于消费者的相对风险厌恶程度大于 1，有 $c_1^* > \omega$ 和 $c_2^* < R\omega$。因此，$t_2^* > 0$。此外，根据推论 2，$t_2 > t_2^*$ 意味着较低的投资，反之亦然。

附录 G　定理 3.4 的证明

首先，要了解 t_2^* 如何随 R 变化，需要知道 c_1^* 如何随 R 变化。根据预算约束式（3-14）和 $c_1^p = 0$，有：

$$c_2^* = \frac{R(1 - g_1 - \lambda c_1^*) - g_2}{1 - \lambda}$$

由此，我们可以通过一阶条件式（3-15）求解 c_1^* 随 R 的边际变化而发生的变化：

$$U''(c_1^*)\,dc_1^* = \frac{R}{1-\lambda}U''(c_2^*)\big((1 - g_1 - \lambda c_1^*)\,dR - R\lambda\,dc_1^*\big) + U'(c_2^*)\,dR$$

$$\Rightarrow \left[U''(c_1^*) + \frac{R}{1-\lambda}U''(c_2^*)\lambda R\right]dc_1^*$$

$$= \left[\frac{R(1 - g_1 - \lambda c_1^*)}{1-\lambda}U''(c_2^*) + U'(c_2^*)\right]dR$$

$$\Rightarrow \left[U''(c_1^*) + \frac{R}{1-\lambda}U''(c_2^*)\lambda R\right]dc_1^*$$

$$= \left[\left(c_2^* + \frac{g_2}{1-\lambda}\right)U''(c_2^*) + U'(c_2^*)\right]dR$$

$$\Rightarrow \frac{dc_1^*}{dR} = \frac{\left(c_2^* + \dfrac{g_2}{1-\lambda}\right)U''(c_2^*) + U'(c_2^*)}{U''(c_1^*) + \dfrac{R}{1-\lambda}U''(c_2^*)\lambda R}$$

由于相对风险厌恶大于 1，$-\dfrac{U''(c_2^*)c_2^*}{U'(c_2^*)} > 1$，因此，$c_2^* U''(c_2^*) + U'(c_2^*) < 0$，且

$$\frac{dc_1^*}{dR} = \frac{\left(c_2^* + \dfrac{g_2}{1-\lambda}\right)U''(c_2^*) + U'(c_2^*)}{U''(c_1^*) + \dfrac{R}{1-\lambda}U''(c_2^*)\lambda R}$$

$$= \frac{-\left(c_2^* + \dfrac{g_2}{1-\lambda}\right)U''(c_2^*) - U'(c_2^*)}{-U''(c_1^*) - \dfrac{R}{1-\lambda}U''(c_2^*)\lambda R}$$

$$> \frac{-\dfrac{g_2}{1-\lambda}U''(c_2^*)}{-U''(c_1^*) - \dfrac{R}{1-\lambda}U''(c_2^*)\lambda R}$$

$$> 0$$

上述结果意味着 $t_2^* \equiv \dfrac{R}{1-\lambda}(c_1^* - 1 + g_1) + \dfrac{g_2}{1-\lambda}$ 随 R 的增加而增加。

其次，为了了解 t_2^* 如何随 g_1 和 g_2 变化，将 t_2^* 改写为：

$$t_2^* = \frac{R}{1-\lambda}(c_1^* - \omega)$$

其中，$\omega = 1 - g_1 - \dfrac{g_2}{R}$ 表示在第 0 天可以使用的资源的贴现值，满足以下条件：

$$\lambda c_1^* + (1-\lambda)\frac{c_2^*}{R} = \omega$$

我们的问题等同于分析 $\dfrac{\mathrm{d}c_1^*}{\mathrm{d}\omega}$，因为

$$\frac{\mathrm{d}c_1^*}{\mathrm{d}g_1} = -\frac{\mathrm{d}c_1^*}{\mathrm{d}\omega}, \quad \frac{\mathrm{d}c_1^*}{\mathrm{d}g_2} = -\frac{1}{R}\frac{\mathrm{d}c_1^*}{\mathrm{d}\omega}$$

这意味着：

$$\frac{\mathrm{d}t_2^*}{\mathrm{d}g_1} = -\frac{R}{1-\lambda}\left(\frac{\mathrm{d}c_1^*}{\mathrm{d}\omega} - 1\right), \quad \frac{\mathrm{d}t_2^*}{\mathrm{d}g_2} = -\frac{1}{1-\lambda}\left(\frac{\mathrm{d}c_1^*}{\mathrm{d}\omega} - 1\right)$$

根据一阶条件式（3 – 15），有：

$$U''(c_1^*)\mathrm{d}c_1^* = \frac{R^2}{1-\lambda}U''(c_2^*)(-\lambda \mathrm{d}c_1^* + \mathrm{d}\omega)$$

$$\Rightarrow \left(U''(c_1^*) + \frac{\lambda R^2}{1-\lambda}U''(c_2^*)\right)\mathrm{d}c_1^* = \frac{R^2}{1-\lambda}U''(c_2^*)\mathrm{d}\omega$$

$$\Rightarrow \frac{\mathrm{d}c_1^*}{\mathrm{d}\omega} = \frac{\dfrac{R^2}{1-\lambda}U''(c_2^*)}{U''(c_1^*) + \dfrac{\lambda R^2}{1-\lambda}U''(c_2^*)}$$

$$\Rightarrow \frac{\mathrm{d}c_1^*}{\mathrm{d}\omega} - 1 = \frac{-U''(c_1^*) + R^2 U''(c_2^*)}{U''(c_1^*) + \dfrac{\lambda R^2}{1-\lambda}U''(c_2^*)}$$

一般来说，$\dfrac{\mathrm{d}c_1^*}{\mathrm{d}\omega} - 1$ 的符号取决于效用函数 $U(\cdot)$ 的性质。也就是说，它取决于相对风险厌恶程度，用下式表示：

$$\eta(c) = -\frac{U''(c)c}{U'(c)}$$

这意味着：

$$\frac{\mathrm{d}c_1^*}{\mathrm{d}\omega} - 1 = \frac{\dfrac{U'(c_1^*)\eta(c_1^*)}{c_1^*} - R^2\dfrac{U'(c_2^*)\eta(c_2^*)}{c_2^*}}{U''(c_1^*) + \dfrac{\lambda R^2}{1-\lambda}U''(c_2^*)}$$

$$= U'(c_1^*)\frac{\dfrac{\eta(c_1^*)}{c_1^*} - R\dfrac{\eta(c_2^*)}{c_2^*}}{U''(c_1^*) + \dfrac{\lambda R^2}{1-\lambda}U''(c_2^*)}$$

其中，第二个等式使用了一阶条件式（3 - 15）。这一式子的正负性一般而言是不确定的。然而，如果消费者具有 CRRA 效用，即 $-\dfrac{U''(c)c}{U'(c)} = \eta$，那么有：

$$\frac{\mathrm{d}c_1^*}{\mathrm{d}\omega} - 1 = \frac{\dfrac{U'(c_1^*)\eta}{c_1^*} - R^2\dfrac{U'(c_2^*)\eta}{c_2^*}}{U''(c_1^*) + \dfrac{\lambda R^2}{1-\lambda}U''(c_2^*)}$$

$$= U'(c_1^*)\eta\frac{\dfrac{1}{c_1^*} - \dfrac{R}{c_2^*}}{U''(c_1^*) + \dfrac{\lambda R^2}{1-\lambda}U''(c_2^*)} > 0$$

其中，第二个等式使用了一阶条件式（3-15），最后一个不等式使用 $c_2^* <$ $R\omega < Rc_1^*$ 这一关系即可得到。因此，有：

$$\frac{\mathrm{d}t_2^*}{\mathrm{d}g_1} = -\frac{R}{1-\lambda}\left(\frac{\mathrm{d}c_1^*}{\mathrm{d}\omega} - 1\right) < 0, \quad \frac{\mathrm{d}t_2^*}{\mathrm{d}g_2} = -\frac{1}{1-\lambda}\left(\frac{\mathrm{d}c_1^*}{\mathrm{d}\omega} - 1\right) < 0$$

第4章

Chapter 4

非监管套利视角下的中国影子银行及最优监管机制

4.1
引 言

影子银行相关经济活动的快速增长是近十年来中国金融体系中最重要的现象之一，引起了全球政策制定者和学术界的高度关注。图4.1展示了2006~2018年中国、英国、美国、日本和印度的非银行金融中介总资产（狭义指标）与GDP的对比。如图4.1所示，根据G20金融稳定委员会（FSB）① 的统计，自2008年全球金融危机以来，主要经济体的影子银行规模增长受到抑制，然而中国影子银行的规模却从2008年占GDP的4.0%（0.2万亿美元）增长到2017年占GDP的68%（8.6万亿美元）。因此，为什么中国的影子银行体系与世界其他国家的影子银行体系如此不同，就成为一个有价值的研究话题。

---

① 金融稳定委员会是一个对全球金融体系进行监测并提出建议的国际机构，成立于2009年4月 G20 伦敦峰会之后。委员会成员包括 20 国集团所有主要经济体和欧盟委员会。理事会由国际清算银行主办并提供资金，总部设在巴塞尔。

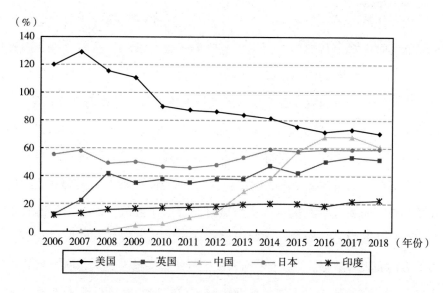

图4.1　主要经济体非银行金融中介规模占 GDP 的比例

注：根据金融稳定委员会政策框架的定义，狭义的非银行金融机构包括被当局评估为参与可能构成银行类金融稳定风险（即涉及期限/流动性转换、杠杆或不完全信用风险转移）和/或监管套利的信贷中介活动的非银行金融机构。自2018年报告以来，金融稳定委员会用"非银行金融中介"（NBFI）取代了"影子银行"一词，以强调金融稳定委员会工作的前瞻性。

资料来源：20国集团金融稳定委员会（FSB），《2020年非银行金融中介全球监测报告》。

正如哈希姆和宋（2021）以及阿查里雅等（2020）的开创性工作所指出的，中国影子银行体系在2010年之前的快速增长大部分可归因于为应对2008年全球金融危机而进行的信贷扩张。然而，自2011年以来，中国影子银行体系经历了更快的增长，这更加令人费解，对于其背后的机制需要进一步深入研究。现有研究中，包括陈等（2018）、陈等（2020）以及张等（2022）在内的研究将2010年以来影子银行的扩张归因于房地产行业、地方政府融资平台和产能过剩行业信贷收紧所导致的银行监管套利行为的增加。由于信贷紧缩政策主要针对正规银行部门，银行可以通过其控制的影子银行系统向受影响的企业提供信贷，从而规避这些政策。

尽管现有的从监管套利角度审视影子银行的文献对商业银行和其他金融机构从事影子银行活动的动机作出了令人信服的解释，但却忽视了影子银行体系中的一个关键因素：监管者。这些研究隐含地假定监管机构只能监管正规银行部门，而不能监管影子银行活动。然而，这一假设可能在很大程度上低估了监管机构的信息和能力。

中国影子银行的主要特点是影子银行本质上是商业银行体系的影子，所有主要产品和融资活动都依附于商业银行（Chang et al.，2022；Chen et al.，2020）。这种"以银行为中心"的特点使中国监管机构能够专注于监管银行，而不被复杂的金融市场创新所干扰。[①] 此外，美国和欧洲的监管机构在向私营金融机构收集数据时面临法律挑战，而中国的监管机构更容易获取想要的数据。中国银保监会每天都可以从所有银行收集详细的表内和表外数据。[②] 由于中国人民银行和银保监会的大多数高层管理人员和高级官员都具有丰富的商业银行工作经验，非常熟悉商业银行的管理和运作。总体而言，大规模影子银行活动不可能长期不受监管机构的关注，尤其是在社会广泛讨论和普遍关注的背景下。

鉴于监管机构已充分意识到这一情况，问题来到他们是否有能力抑制影子银行的发展。中国监管机构很可能具备这样的能力。中国监管机构可以通过常规监管、窗口指导和现场检查来实现其政策目标。此外，鉴于中国几乎所有银行都是国有控股，监管机构对银行高管的任命具有重要的影响。如果监管机构担心影子银行业务的扩张，至少可以放松信贷紧缩政策，因为一开始是信贷紧缩政策将银行的表内资产推向了影子银行系统。

因此，令人费解的是，虽然监管机构收紧了商业银行表内的信贷发放，但在 2018 年之前的影子银行快速扩张期间，监管机构却一直未对影子银行采取强力监管措施。直到 2018 年资管新规实施后，影子银行的增

---

① 即使到 2020 年底，未到期的 MBS 和 ABS 也只有 0.75 万亿美元，占中国 GDP 的 5%。相比之下，到 2020 年，美国的未偿 MBS 和 ABS 规模达到 12.75 万亿美元，占美国 GDP 的 61%。

② 中国银保监会的前身中国银行业监督管理委员会（简称"银监会"）在 2013 年后部署了 EAST 系统，每天自动收集和上传中国境内银行的信息。

长才受到明显抑制，这表明监管机构在真正想要限制影子银行活动时是具有能力的。这也意味着影子银行体系是有一定的积极作用的。那么，中国背景下影子银行的积极作用到底是如何发挥的？如何对影子银行体系进行适当监管以实现社会福利最大化？本章试图通过一个理论框架，探讨这些重要问题。

本章建模的关键摩擦是地方政府对商业银行信贷分配的干预。中国经济的特点是地区分权体制，中央政府控制人事，而地方政府对其管辖范围内的大多数经济问题和资源拥有实际控制权（Xiong，2019；Xu，2011；Jin et al.，2005）。为了激励地方政府官员，中央政府赋予地方政府很大的经济自主权，但地方官员的升迁取决于当地的经济表现（Li & Zhou，2005）。由于对某些行业（如房地产行业、产能过剩行业、地方政府融资平台）低质量项目的投资可以带来短期内显著的 GDP 增长、就业增长和税收增长，地方政府官员热衷于在这些行业推动过多的银行贷款（Xiong，2019）。2008 年全球金融危机后，地方政府被赋予了更多刺激经济的权力，过度投资变得更加严重。地方政府可以通过选择银行作为政府存款存放行、新设立分行审批、银行高管晋升等形式施加影响，鼓励银行向短期高投资高收益、长期低收益甚至负收益的项目放贷。这会抑制银行仔细筛选项目的积极性，从而导致这些行业信贷质量的系统性恶化。

虽然最好的解决办法显然是直接阻止地方政府给低质量项目贷款，但由于信息不对称问题的存在，中央监管机构无法甄别每一个项目的质量。在这种情况下，监管机构面临三种选择：（1）收紧商业银行表内融资，同时允许影子银行融资；（2）收紧商业银行表内融资，同时禁止影子银行的存在；（3）保持现状。

本章认为，对于监管机构来说，方案（1）可能优于方案（2）和方案（3）。方案（1）迫使银行通过影子银行为禁止在资产负债表上融资的项目提供资金。由于影子银行面临较高的资金流动性风险，投资者对于影子银行的投资标的会更加关注。银行为了继续获得融资，必须提高项目质量。因此，方案（1）激励银行为高质量项目融资，而拒绝低质量项目。虽然银行可以通过提供某种形式的隐性担保来降低资金流动性风险，但这种担保不可能是完美的，因为这是监管机构所禁止的。即使有完美的担保，由于额外的掩盖成本、声誉损失和监管处罚，表外项目的违约成本仍将远高于表内项目。高昂的成本仍将抑制银行通过影子银行为不良项目融资。

相比之下，方案（2）尽管可以有效地防止低质量项目的融资，但它不可避免地会同时扼杀受影响行业中高质量项目的融资。方案（3）会导致低质量项目的过度融资和银行系统信贷风险的积累。因此，方案（1）通过利用影子银行系统的融资风险，使银行更少地为低质量项目融资，同时仍允许影子银行为这些行业的高质量项目提供信贷。这样，监管机构既能遏制低质量项目，又能避免高质量项目的融资受到过大的损害。

除了解释中国影子银行的爆炸式增长，本章的框架还可解释自2018年以来中国影子银行的收缩。根据金融稳定委员会的估计，到2020年，中国影子银行规模占GDP的比例将从2018年的68%下降到60%。在近年来经济增速放缓的背景下，部分行业信用风险大幅上升，使得影子银行因资金流动性风险带来的成本大于这些行业的收益。因此，监管机构宜在收紧影子银行信贷的同时，适当放松对高风险行业的银行信贷，即所谓的"非标转标"。

本章的理论模型包括四类经济主体：投资者、银行、监管机构和地方政府。银行向投资者借款，然后贷款给不同行业的项目。在每个行业中，银行都会面临两类项目：好项目和坏项目。好项目成功概率较高，坏项目成功概率较低。银行可以选择花多少努力成本筛选项目，银行越努力，好项目的占比越高。

投资者可以花费成本获得有关投资项目最终产出的私人信息。约有一半的理财产品是设计并出售给机构投资者的，至少这些机构投资者有能力获得相关基础资产的信息（Huang et al.，2022）。投资者信息生产带来的逆向选择问题可能导致银行和影子银行的崩溃（Dang et al.，2017；Gorton & Ordoñez，2014；Gorton & Pennacchi，1990）。因此，本章假设银行和影子银行只能使用信息不敏感的债务合约，即投资者不产生私人信息的债务合同。从投资者的角度来看，由于私人信息的生产成本很高，他们在项目组合的平均质量较低时会生产信息，而在平均质量较高时不会生产信息。

监管机构追求全社会福利最大化，而地方政府则追求地方利益最大化。基准模型只包括一个商业银行。在地方政府不干预的情况下，银行会选择最优努力程度筛选项目，以实现社会福利最大化。然而，在地方政府干预的情况下，银行将不会花费足够的努力来筛选项目，因为低质量的项目为地方政府带来了额外的收益。因此，均衡中平均项目质量将低于社会最优水平。

尽管监管机构希望纠正这种扭曲，但由于信息不对称，监管机构无法区分好项目和坏项目。如果没有影子银行，监管机构将面临两种选择：要么以损失高质量项目为代价，彻底禁止向被扭曲的行业提供信贷；要么不进行监管，容忍向这些行业的低质量项目提供过多信贷。无论哪种选择，都会造成巨大的社会福利损失。本章模型考虑了一种政策组合，即禁止银行在资产负债表上为扭曲行业的项目融资，但银行可以选择通过影子银行系统为受影响的项目融资。

银行业务与影子银行业务的一个主要区别在于负债与由这些负债支持的资产收益之间的相关性。商业银行存款的收益与该存款资金投向的各项资产的收益之间的相关性较低，而影子银行产品的收益与影子银行资产的收益之间的相关性要高得多。这是由于商业银行存在资本缓冲和存款保险，这有助于吸收潜在的资产损失。此外，银行资产的高分散性也导致存款的收益较为稳定。由于商业银行负债和资产的收益相关性较低，储户没有动力生产有关商业银行资产的私人信息。相比之下，影子银行投资者既没有资本缓冲、存款保险，资产分散程度也不足，因此有更强的动机来生产相关项目的私人信息。

由于影子银行也需要在其负债端保持信息不敏感以进行融资（Moreira & Savov，2017），银行将花费更多努力进行筛选，提高影子银行系统中的项目质量。在限制商业银行系统信贷投放的同时，允许影子银行在存在扭曲的行业中开展业务，这一政策组合可以提高社会福利。特别地，这一政策组合对于地方政府扭曲严重的行业最为有效。因此，应当将地方政府干预较弱行业的贷款保留在银行资产负债表上。本章模型为2010年以来中国有针对性的银行信贷紧缩政策提供了理论依据，这些政策主要针对房地产业、产能过剩行业和地方政府融资担保公司。这些领域的信贷受地方政府的扭曲较为严重。

本章将进一步考虑银行针对上述政策组合对冲政府政策影响的行动。银行会努力减少投资者生产私人信息的动机，以降低融资约束。我们分析了两种具体策略：第一种是银行对其影子银行产品的收益提供不完全的隐性担保，以减少私人信息生产的收益；第二种是银行使影子银行产品更加复杂，① 以增加私人信息生产的成本。这两种策略都削弱了影子银行的有效性。在现实中，为了维护影子银行的有效性，监管机构对隐性担保和复杂的影子银行产品实施了强有力的监管，包括对影子银行产品收益担保的惩罚、禁止资金池、限制影子银行产品的嵌套层级数量等。

---

① 例如，银行可以在基础资产和影子银行产品之间进行多层嵌套，从而使影子银行产品复杂化。

最后，本章引入对项目质量的负面冲击，对模型进行扩展。由于私人信息生产的存在，影子银行更容易受到负面冲击的影响。模型中，负面冲击会在银行筛选项目后出现，并降低项目质量。负面冲击的存在会促使银行在事前进一步提高项目质量，从而增加项目筛选的成本。然而，由于冲击的大小是随机的，银行不会把项目质量提高到即使最大的负面冲击出现后，投资者仍然不生产信息的水平。银行会最优地选择提高项目质量，使得负面冲击的幅度低于一个临界值时，投资者不生产私人信息。当冲击的幅度超过临界值时，投资者将产生私人信息，导致影子银行市场崩溃。

负面冲击给影子银行带来了新的无效率问题。在社会最优配置中，由于银行表内融资不受无信息生产约束的限制，只要好的项目在负面冲击下仍有正的期望产出，就会始终得到融资。然而，在影子银行体系中，由于存在无信息生产约束，对好项目的负面冲击可能会引发私人信息生产，从而使有价值的项目无法获得融资。这种福利损失与戈顿和奥多涅兹（2014）提出的金融危机机制一致。总体而言，负面冲击会降低影子银行的效率。与本章的理论分析相一致的是，2018年以来的新监管制度聚焦于影子银行的信用风险和流动性风险，并对高风险行业进入影子银行施加了更严格的限制。此外，监管机构还放松了其中一些行业的银行表内融资，促进资金回到表内。

4.2
制度背景

本节回顾了中国经济中的银行体系、地方政府和监管机构之间的关系以及影子银行体系，为理解中国影子银行的兴起提供了重要的制度背景。

4.2.1 中国的银行体系

中国的金融体系由商业银行主导，商业银行一直是中国企业的主要融资来源。据中国人民银行统计，截至 2019 年底，商业银行未偿贷款额达到 153 万亿元（占 GDP 的 155%），商业银行在中国金融体系中的地位无可比拟。由于债券和股票市场不甚发达，资本账户受到控制，普通居民除银行存款外投资选择很少。此外，主要银行都是国有企业，尽管近些年开放了民营银行的牌照，但是国有银行仍然占绝对主导地位。银行业受到严格监管。例如，监管层可以通过正式的政策指示和非正式的窗口指导来有效控制银行存款利率；同时，对大多数银行的贷款都有直接或者间接的数量调控指标，其中一些旨在控制银行信贷总量，另一些则通过对某些行业的限制来调整银行信贷结构。

4.2.2 银行、地方政府和金融监管机构之间的关系

正如本章引言中所指出的，中国经济体制的一大特点是经济层面的地区分权制（Xiong，2019；Xu，2011）。虽然经济分权和区域竞争有助于促进中国经济增长，但也带来了一些问题，特别是地方政府的短视行为（Xiong，2019；Xu，2011）。由于参与 GDP 锦标赛（Li & Zhou，2005），地方政府官员有强烈的动机促进公共部门和私营部门的投资。即使有些项目从长期来看并不可行，但提振地方经济的短期利益也会促使官员向银行施加压力，以发放信贷（Xiong，2019）。地方政府官员尤其青睐基础设施投资、房地产建设和重工业企业，因为它们能在短期内更有效地创造 GDP、就业和税收。中国的产能过剩问题、房地产问题、僵尸企业问题以及不断攀升的地方政府债务，都是这一时期地方政府过度

投资和低质量投资的直接后果。

地方政府可以有效影响银行的决策。绝大多数地方银行的控股股东都是地方政府或地方国有企业，这使得政府有权任命和提拔银行高管。地方政府还可以提拔银行高管到政府内部担任职务。即使是那些不受地方政府直接控制的全国性银行，地方政府仍然可以通过财政存款、批准新的地方分支机构、补贴、税收优惠等方式对商业银行施加影响。总的来说，地方政府可以有效影响银行的决策，进而要求银行为过度投资的项目融资。

银行信贷过度扩张导致的系统性风险使地方政府与中央政府金融监管机构之间存在目标的差异。虽然短期内地方政府可以为地方政府融资租赁公司和地方企业提供隐性担保，但如果长期内地方财政收入无法承担损失，中央银行将被迫介入，救助受困银行，以避免金融系统动荡。中国人民银行一直否认未来救助地方政府和地方企业的可能性。例如，中国人民银行原行长易纲在最近的一篇文章中重申，要"在财政和中央银行两个'钱袋子'之间建起'防火墙'，同时要防止中央银行资产负债表承担企业信用风险"[1]。总体而言，监管机构有动力遏制地方政府的过度信贷创造，从而提高社会福利。

4.2.3　地方政府融资平台

地方政府融资平台是由地方政府及其部门和机构、所属事业单位等通过财政拨款或注入土地、股权等资产设立，具有政府公益性项目投融资功能，并拥有独立企业法人资格的经济实体。

改革开放之后，经过一段时间的改革，我国不再用行政办法安排投

---

[1] 《易纲：建设现代中央银行制度》，https：//www.pbc.gov.cn/redianzhuanti/118742/4142474/4143008/index.html。

资建设，政府部门不再直接管理经营项目投资，而以投资公司为主体，即用经济合同关系替代行政关系。1988 年 7 月成文，2011 年 9 月发布的《国务院关于印发投资管理体制近期改革方案的通知》虽主要是针对中央，没有提地方政府成立专业投资公司，但此文件颁布后各地也效仿，纷纷成立了隶属于地方政府的投资公司。这些投资公司可认为是早期的投融资平台。地方投资公司已逐步成为地方政府加强重点建设、引导资金投向的重要工具。但由于当时政府体制改革不配套，财政金融体制改革不到位，公司法尚未出台，投资公司虽然叫公司，但没有资本金，管理也不规范。虽然有了投资主体，但对投资企业的管控不到位，难以规模化发展。

1994 年之后，地方政府融资平台正式登场。其发展过程大致可分为三个阶段。

第一阶段是 1994～2007 年的发展初期。发展经济是地方政府的任务，但分税制导致地方财政收入减少，而预算法又不允许地方发债筹集资金，政府不能直接作为借款人向银行申请贷款，也不允许进行担保，于是地方政府通过成立融资平台公司以"市场化"的融资方式向银行等市场主体筹资。

第二阶段是 2008～2014 年的高速发展期。2008 年 9 月，全球金融危机爆发。2008 年 11 月，面对急剧恶化的国际金融形势，国务院常务会议宣布实施积极的财政政策和适度宽松的货币政策应对危机。2009 年 3 月，中国人民银行和中国银行业监督管理委员会联合发布《关于进一步加强信贷结构调整促进国民经济平稳较快发展的指导意见》，提出"支持有条件的地方政府组建投融资平台，发行企业债、中期票据等融资工具，拓宽中央政府投资项目的配套资金融资渠道"，地方政府投融资平台有了官方的加持。

政府意图以 4 万亿财政刺激计划拯救经济。同时，为了配合 4 万亿财政刺激计划，宏观调控政策也发生了转变。在美国雷曼兄弟公司破产后的三个月时间内，中国人民银行将大型商业银行存款准备金率从17.5%连续下调为15.5%，中小型商业银行则进一步下调为13.5%，分别下调2个和4个百分点，在短期内释放了大量流动性。

以前是企业贷款难，2008年后形势突变，变成银行来找企业贷款了。这其中最受青睐的便是地方融资平台和房地产行业。地方政府大量依靠地方政府融资平台从银行和影子银行获得贷款，在2009年全国9.59万亿元的新增贷款中，投向地方融资平台的贷款占比高达40%，总量近3.8万亿元（Bai et al.，2016）。此外，2008年全球金融危机后，贷款来源从国家开发银行为主变成商业银行为主。

第三阶段是2014年之后的管控收紧但仍继续发展阶段。地方政府投融资平台的负债规模迅速膨胀，大规模的投融资在促进城市基础设施建设的同时，也使得地方政府债台高筑。2010年开始，地方政府投融资平台的债务问题引起了国家决策层的高度关注（邱志刚等，2022），一系列强监管措施相继出台（见表4-1）。

表4-1　　　　　　　监管地方政府融资平台的重要政策

时间	政策	内容
2010年6月	《关于加强地方政府融资平台公司管理有关问题的通知》	对地方政府融资平台公司加强了监督管理，使政府投融资平台在数量与融资规模上加速膨胀的趋势得到抑制，进一步规范了政府投融资平台的运行
2010年7月	《关于贯彻国务院关于加强地方政府融资平台公司管理有关问题的通知相关事项的通知》	抓紧清理核实并妥善处理融资平台公司债务，并划分了新旧债务时间点即2010年6月30日；对融资平台公司进行清理规范；制止地方政府违规担保承诺行为
2012年12月	《关于制止地方政府违法违规融资行为的通知》	引导融资平台有序退出
2014年9月	《关于加强地方政府性债务管理的意见》	赋予了地方政府依法适度举债权限，地方政府举债采取政府债券方式。剥离融资平台公司政府融资职能，融资平台公司不得新增政府债务

2014 年 9 月，国务院印发《关于加强地方政府性债务管理的意见》，明确将政企债务进行分离切割，并开始在全国范围整治地方政府债务问题。这期间最重要的思路是地方政府债务置换工作，即以显性债务置换隐性债务，大力提倡地方政府及融资平台以发行债券的方式进行融资，不过期间由于各种原因出现一定程度的反复。2014 ~ 2015年，国家发改委和财政部相继推出专项债券，2015 年开始我国也正式启动地方政府债券置换工作。但 2015 年新《中华人民共和国预算法》明确地方政府通过省级政府发行地方债是唯一合法的政府融资渠道后，地方政府开始利用 PPP 或基金等方式变相举债，各种除地方政府债外的隐性举措方式如雨后春笋般不断涌现（如出具承诺函、融资租赁、签订政府购买服务协议等），地方政府违规举债行为规模再次快速扩大。

在此过程中，地方政府融资平台的资金来源主要有三种形式：一是银行项目贷款；二是发行"城投债"；三是非标准融资。

2008 年以前，国家开发银行是城投公司最主要的贷款来源。2008 年4 万亿财政刺激计划实施后，各种商业银行包括"中农工建"四大行及城市商业银行开始大规模贷款给地方政府融资平台。银行除了通过贷款给政府平台提供资金以外，还会通过非标资产给政府平台输血，例如，银行理财资金可以购买地方政府平台作为融资方，如信托、资管、私募债等金融产品（见表 4 - 2）。

表 4 - 2   地方融资平台融资形式

融资形式	内容
银行贷款	主要通过土地抵押、平台公司的相互担保或者地方政府担保而从商业银行获得贷款。土地抵押是主要方式，一般的做法是，由土地管理部门根据规划，确定储备土地的供应用途、年限等，向土地储备中心发放土地使用权证，以此作为向银行申请土地抵押贷款的凭证。土地储备中心还可以在储备土地的收益权上设立质押，向政府控股的平台公司进行贷款担保。还款来源除了依靠项目本身产生的回报以外，主要依靠土地出让收入

续表

融资形式	内容
城投债	2009 年 3 月，中国人民银行和中国银行业监督管理委员会联合发布《关于进一步加强信贷结构调整促进国民经济平稳较快发展的指导意见》，其中明确指出支持有条件的地方政府组建投融资平台，发行企业债、中期票据等融资工具
非标渠道	由于融资平台偿债压力较大，在传统融资渠道受限的情况下，部分地方政府融资平台选择产业基金、信托贷款、委托贷款、融资租赁、承兑汇票等非标渠道融资

　　2008 年全球金融危机后，4 万亿财政刺激计划带来了大量新增贷款需求。为配合政策落地，中央放宽了对地方政府融资平台的限制。但受存贷比、资本金和合意贷款规模的限制，银行表内信贷业务难以满足超额的贷款需求，借助外部机构进行表外放贷成为银行的必然选择，地方政府大量依靠地方政府融资平台从银行和影子银行获得贷款。2008 ~ 2010 年，影子银行主要业务产品为银信合作理财产品、信托贷款、信贷资产转让，业务模式通常是银行发行理财产品募集资金，借助信托通道投向基建和房地产领域。4 万亿财政刺激计划，促使地方政府上马了很多周期长、回报率低的基建项目，这些项目的配套资金主要是银行贷款。2010 年银信合作和信贷政策都开始收紧，银行信贷资金难以按计划发放给地方政府的投资项目，为追求政绩，地方政府有动力维持项目运转。由于对利率不敏感，地方政府转而通过地方融资平台，以更高的利率通过非标融资变相获取银行贷款。由于非标资产回报率高于同期贷款，对银行吸引力很强，银行有动力满足这些融资需求。

　　自 2009 年起，城投债发行规模开始增长，据中债资信统计，2013 年末城投债存量债券规模为 2.23 万亿元（刘晓蕾等，2021）。而在 2014 年之后，一系列政策相继出台，力图打破投资者的"隐性担保"和刚兑信念，随后开展的地方政府债务置换计划抑制了城投债的新增趋势。但在地方政府债务置换计划结束后，巨大的偿还压力以及新冠疫情的冲击促使城投债的发行规模不断创新高。

4.2.4　中国的影子银行

2008 年全球金融危机之后，中国影子银行业的规模经历了爆炸式增长。根据金融稳定理事会的估算，中国影子银行业的规模从 2008 年前几乎可以忽略不计的水平增长到 2017 年占 GDP 的 68%（8.6 万亿美元），之后相对规模下降到 2019 年占 GDP 的 56% 左右（8.53 万亿美元）。银行在中国影子银行活动中扮演着核心角色。非银行金融机构（NBFIs），包括信托公司、证券公司、保险公司、资产管理公司及其子公司、金融租赁公司等，参与了以银行为中心的影子银行活动，它们帮助银行在资产负债表外输送信贷，规避对银行资产负债表内融资的监管。

影子银行活动的发展可分为三个阶段。第一阶段是 2008~2009 年，这是中国影子银行发展的初期。为应对 2008 年全球金融危机，中国政府推出了史无前例的 4 万亿财政刺激计划，以稳定国内经济增长。在这 4 万亿人民币中，只有约 1.2 万亿元由财政部门直接出资，其余均由银行向地方政府融资平台融资。此外，银行还在窗口指导下向企业增加了数万亿元贷款。信贷的快速扩张给存款基础较小的中小银行带来了巨大的流动性压力，这些银行率先开展影子银行活动以争夺资金（Hachem & Song，2021；Acharya et al.，2020）。

第二阶段为 2010~2017 年，期间影子银行加速发展。到 2010 年，4 万亿财政刺激计划和配套的宽松货币政策使企业和地方政府金融机构的资产负债表膨胀到极高的水平。中国政府将重点从刺激经济增长转向控制低质量信贷的风险。2010 年以后货币政策回归正常，对产能过剩行业、房地产业和地方政府融资担保公司贷款的定向信贷紧缩，创造了巨大的融资需求。在非银行金融机构的合作下，银行寻求通过影子银行渠道融资以满足部分融资需求。

第三阶段是 2018 年以后，影子银行活动收缩。在经济放缓的背景下，监管机构越来越关注金融业的风险，并加强了对影子银行活动的控制。金融机构面临更严格的监管。值得注意的是，为避免影子银行信贷收紧导致信贷紧缩，央行调整了政策，促进银行向企业贷款。特别是，在"开前门、堵后门"的政策口号下，监管机构为地方政府和一些地方政府金融机构从银行和债券市场融资提供了便利。政策调整实质上是促使银行将一些影子银行资产和负债转回银行资产负债表。

4.3
模型设定

考虑一个单一商品的经济体和四类经济主体：连续的投资者、连续的银行、地方政府和中央政府监管机构。经济活动有两天：第 0 天和第 1 天。有 n 个行业，银行可以向每个行业的投资项目组合发放贷款。所有经济主体都是风险中性的。

4.3.1 投资技术

本章假设每个产业的总投资是固定的，为 I 个单位的商品。n 个行业的收益是独立且同分布的。每个行业都有两类投资项目：好项目和坏项目。对于在第 0 天的 1 个单位的投资，好项目必定产生 R^G 单位商品的回报，而坏项目在第 1 天产生 R^B 单位商品回报的概率为 p，不产生回报的概率为 $1-p$，本章假设 $R^G>1>pR^B$，这意味着好项目是高效的，而坏项目是低效的。

本章关注的是一个行业的风险，而不是单个项目的风险，因此本章假定在一个行业内，项目的风险是完全相关的，这意味着一个行业内的所有不良项目将同时产生正产出或零产出。也就是说，p 反映的是行业内无法分散的系统性风险。本章还假设不存在经济层面的系统性风险，如果银行投资组合包含足够多的行业，所有风险都可以被分散。假设行业数量 n 足够大，如果银行投资于所有行业，所有风险都可以分散。

银行可以主动选择各行业中两类项目的比例。银行需要花费一个非货币成本来寻找好项目，这反映了银行需要努力来筛选项目。如果银行不付出任何努力，那么好项目的初始比例为 θ^0。对于一个总投资为 I 单位商品的行业来说，要把好项目的比例提高到 θ，银行需要花费 $\gamma(\theta-\theta^0)I$ 的效用成本，这个成本与投资规模成正比。成本函数 $\gamma(\cdot)$ 是一个两次连续可微、严格递增且严格凸的函数。也就是说，$\gamma'(\cdot)>0$，$\gamma''(\cdot)>0$，这意味着提高项目质量的边际成本是递增的。为了得到内部解，本章假设边际成本的增加速度足够快。$\gamma(\cdot)$ 满足 $\gamma(0)=0$。为了简化分析，本章假设 $\theta^0=0$，因此，对于总投资为 I 的行业来说，将好项目比例提高到 θ 的成本为 $\gamma(\theta)I$。下文中，将用一个行业的"项目质量"来指代好项目的比例 θ。

4.3.2　债务合同与信息生产

在第 0 天开始时，每家银行与一个投资者随机匹配。在银行与投资者的配对中，银行拥有所有的议价能力，并向投资者发出"接受或拒绝"要约。银行将向投资者借入 nI 单位的商品。银行的还款完全可承诺，因此还款取决于 n 个行业投资项目的总产出。银行将最优化地选择好项目的比例 θ，使其在每个行业的净利润最大化。

好项目的比例是公开信息。然而，投资者可以私下生产关于某一行业投资项目组合最终产出的信息。投资者可以花费相当于 η 单位效用的非货币成本来生产关于每单位投资的私人信息。投资者只知道好项目和坏项目的比例。在一个行业中，给定项目质量 θ，通过花费 ηI 的成本，以概率 p，投资者会发现坏项目会成功，投资组合会产生 $[\theta R^G + (1-\theta)R^B]I$ 单位的商品产出；而在概率为 $1-p$ 的情况下，投资者会发现坏项目会失败，投资组合会产生 $\theta R^G I$ 单位的商品产出。私人生产的信息直到当期期末才会公开。

这一机制会造成信息不对称和逆向选择。在现实中，银行是"保密者"，信息生产会导致对银行业信心的崩溃（Dang et al.，2017；Gorton & Ordoñez，2014）。因此，逆向选择是银行业的一个严重问题，而存款就是为了防止私人信息的产生（Gorton & Pennacchi，1990）。基于这一想法，与莫雷拉和萨沃夫（Moreira & Savov，2017）的研究类似，本章假设银行只能使用对信息不敏感的债务合约，即不产生私人信息的合约。一旦产生信息，市场就会冻结，无法进行交易。那么，为了保住业务，银行就需要通过提高项目质量来抑制信息生产。这是因为，投资者生产信息的好处是可以避免项目失败时的损失。因此，如果项目质量足够高，投资者的最优选择就是不生产私人信息。

4.3.3　社会最优资源配置

本章假设行业数量 n 足够多。因此，如果银行投资于所有 n 个行业，所有风险都可以被分散，银行将始终获得项目的期望收益。那么，当项目期望收益最大化且银行不受私人信息生产的限制时，社会最优资源配置可以实现。因此，社会规划者将在每个行业求解以下优化问题：

$$\max_{\{\theta\}} n[\theta R^G + (1-\theta)pR^B - \gamma(\theta)]I \qquad (4-1)$$

本章将项目质量的社会最优选择记为 θ^{FB}，θ^{FB} 满足：

$$R^G - pR^B - \gamma'(\theta^{FB}) = 0$$

4.3.4　监管机构和地方政府

中央监管机构谋求社会福利最大化，然而，它并不掌握每个项目的具体信息，无法区分好项目和坏项目。相比之下，正如本章在制度背景中所讨论的，由于官员的晋升以 GDP 为基础且有任期限制，只要能刺激短期 GDP 增长，即使是坏项目，地方政府也愿意推动。为了刻画这一问题，本章假设地方政府可以通过激励银行投资某些行业的坏项目来获取私人利益。

为了激励银行投资这些坏项目，地方政府将向银行提供私人利益。为简单起见，本章假设在行业 i 中，每投资 1 个单位的不良项目，地方政府将向银行提供相当于 β_i 单位货币的私人利益。正如制度背景中所提到的，私人利益的形式可以是银行高管的晋升、财政存款的分配、新地方分支机构的批准、补贴或税收优惠。

注意，提供给银行的私人利益本质上是一种转移支付，不会改变社会福利，也就是说，每个行业的社会最优选择仍然是 θ^{FB}，社会福利仍然由 $n[\theta R^C + (1-\theta)pR^B - \gamma(\theta)]I$ 来衡量。这是因为地方政府奖励银行是以其他经济主体（如其他银行或消费者）为代价的。

4.3.5　影子银行

监管机构可以禁止商业银行向地方政府提供扭曲性私人利益的行业 i 的任何项目提供贷款。在这种情况下，银行要继续向行业 i 提供贷款，就必须通过影子银行产品筹集资金。这一假设符合中国商业银行主要利用影子银行活动绕过监管的现实情况（Allen et al.，2019；Chen et al.，2018；Chen et al.，2020；Chang et al.，2022）。

由于行业数量 n 足够大，将一个行业的贷款转移到影子银行部门不会影响银行表内资产的风险分散。为简化分析，本章假设与银行匹配的投资者既可以投资银行存款，也可以投资影子银行产品。影子银行部门必须满足与商业银行部门类似的信息敏感性要求（Moreira & Savov，2017）。

商业银行与影子银行的一个主要区别在于负债的收益与这些负债募集的资金所投资的项目收益之间的相关性。商业银行存款的收益与该存款投向的贷款的收益之间的相关性较小，而影子银行产品的收益与相关投资的收益之间的相关性较大。这一假设背后的支撑如下。

一是商业银行存在资本缓冲。商业银行需要遵守资本充足率监管，而影子银行则不需要。商业银行投资的大部分损失可以由银行资本吸收，这有助于确保存款的偿还。相比之下，影子银行由于其监管套利属性，一般缺乏足够的资本（Gennaioli et al.，2013；Plantin，2014；Moreira & Savov，2017；Ordoñez，2018；Farhi & Tirole，2021），这使得影子银行产品的收益对投资收益更加敏感。

二是存款保险的存在削弱了商业银行存款与投资收益之间的相关性。商业银行存款受到存款保险的保护，即使商业银行资本耗尽而倒闭，存款保险机构仍可偿付一部分银行存款，这进一步降低了存款与投资收益之间的相关性。相比之下，影子银行产品则不受存款保险的保护。

三是商业银行和影子银行的资产分散程度不同。商业银行的资产组合要比影子银行多样化得多，其贷款涉及多个行业。实际上，中国典型的影子银行产品，如集合信托计划或者理财产品，常常只为同一行业的一小部分企业融资，甚至只能为一家企业融资。因此，如果影子银行投资的项目无法产生足够的现金，投资者更有可能蒙受损失。

负债收益与资产收益之间的相关性差异导致商业银行和影子银行的投资者生产信息的动机不同。投资者生产商业银行投资组合私人信息的动机较低，这是因为银行存款收益与基础资产收益之间的弱相关性使得投资者从避免损失中获得的期望效用较小，而他们仍然需要承担生产信息的全部成本。相比之下，影子银行产品的收益与基础资产密切相关，投资者从避免损失中获得的期望效用收益较大，因此投资者有更大的动力生产有关影子银行基础项目的信息。[①]

在本章的模型中，为了以简化的方式捕捉这一特征，假设投资者没有任何动机去生产有关商业银行投资组合的私人信息，但可能有动机去生产有关影子银行项目的信息。因此，当项目在商业银行的资产负债表上融资时，它们会自动满足私人信息生产的约束；当项目在影子银行部门融资时，它们可能会受到私人信息生产的约束。本章将在下一节讨论投资者生产影子银行资产私人信息的条件。

4.3.6　时间轴

经济活动的时间轴如下。

第0天：

（1）监管机构决定是否禁止银行向某些行业提供表内贷款。

（2）每家银行与一个投资者随机匹配。

（3）对于不受监管机构影响的行业，银行选择每个行业的项目质量，并向投资者募集存款。对于禁止表内融资的行业，银行选择项目质量，利用影子银行产品而非存款筹集资金。

（4）对于每家银行，匹配的投资者根据项目质量决定是否提供影子银行相关项目的信息。如果投资者决定不提供信息，银行就可以通过影子银行筹集资金并投资于项目；否则，项目就无法从影子银行获得融资。

---

① 我们将在4.4.2节讨论影子银行产品隐性担保的情况，这将削弱影子银行的这种相关性。然而，只要上述制度背景存在，影子银行产品和投资的收益仍有较强的相关性。

第1天：

（1）每个项目的回报实现。

（2）银行根据相关项目的回报偿还投资者。

（3）银行和投资者消费，经济活动结束。

4.4

最优影子银行政策

4.4.1　资产负债表内融资

本章首先考虑监管机构允许所有行业进行表内融资的基准情况。也就是说，影子银行并不存在。

在投资者参与约束条件下，银行最大化其预期效用。由于行业数量 n 足够大，所有风险都可以分散，银行可以获得预期收益。一个行业的私人收益不会影响银行的风险分散。因此，当银行通过表内负债为所有投资项目融资时，投资者不会面临任何风险。由于银行拥有所有议价能力，存款利率 r 将为1。与社会最优分配唯一不同的是，在行业 i 中，银行将考虑地方政府提供的私人利益，因此，优化问题为：

$$\max_{\{\theta,\theta_i\}}(n-1)[\theta R^G+(1-\theta)pR^B-\gamma(\theta)]I$$
$$+[\theta_i R^G+(1-\theta_i)pR^B-\gamma(\theta_i)+(1-\theta_i)\beta_i]I \qquad (4-2)$$

将式（4-2）的解记为 $\{\theta^*,\theta_i^*\}$，并且有 $\theta^*=\theta^{FB}$ 和 θ_i^* 满足：

$$(R^G-pR^B)-\gamma'(\theta_i^*)-\beta_i=0 \qquad (4-3)$$

正如前文已经讨论过的，当银行可以在其资产负债表上为项目融资时，投资者就没有动力去生产信息。定理 4.1 描述了 θ_i^* 和 θ^{FB} 之间的关系。

定理 4.1　（1）对于行业 i，如果私人利益严格为正，即 $\beta_i > 0$，银行对好项目比例的选择低于社会最优水平，即 $\theta_i^* < \theta^{FB}$。（2）θ_i^* 随 β_i 下降。

证明：见本章附录 A。

定理 4.1 的经济学含义如下。在存在私人利益的情况下，银行有动力投资更多的坏项目，因为私人利益会增加银行从坏项目中获得的收益。因此，私人利益的存在会导致筛选不足的问题，造成银行业风险的积累。

4.4.2　影子银行

本节将描述影子银行的均衡特征。具体而言，监管机构采取影子银行政策，禁止银行在资产负债表上向存在扭曲的行业 i 融资，但允许银行通过影子银行为行业 i 的项目融资。

1. 银行优化问题与信息敏感性

假定影子银行对投资者的承诺利率为 r_i^s，在投资者的参与约束下，银行选择 i 行业的项目质量和利率，以最大化其在 i 行业的期望效用。

$$\max_{\{\theta_i, r_i^s\}} [\theta_i R^G + (1-\theta_i)pR^B - \gamma(\theta_i) + (1-\theta_i)\beta_i]I$$

$$\text{s. t.} \begin{cases} r_i^s = 1, & \theta_i R^G I \geq I \\ pr_i^s I + (1-p)\theta_i R^G I = I, & \theta_i R^G I < I \end{cases} \quad (4-4)$$

如果银行在存在私人利益情况下的最优选择 θ_i^* 满足 $\theta_i^* R^G I \geq I$，那么即使坏项目失败，影子银行产品也始终是安全的。投资者永远不会有生产信息的动机。利率将为 1。本章将重点讨论更一般的情况，即当不良项目失败时，影子银行产品将遭受损失，即 $\theta_i^* R^G I < I$ 时，将激励投资者生产信息。

当 $\theta_i^* R^G I < I$ 时，通过生产私人信息，投资者可以避免坏项目失败时的损失。具体来说，投资者通过付出 ηI 的成本，以概率 p 发现不良项目可以成功，会继续购买影子银行产品；而投资者以概率 $1 - p$ 发现不良项目会失败，则会停止购买影子银行产品。投资者的预期收益为 $pr_i^s I + (1 - p) I - \eta I$，因此信息生产的收益为 $[(1 - p)(1 - \theta_i R^G) - \eta] I$。只有当投资者不生产信息时，银行才能获得融资。因此，银行需要选择 θ_i 来阻止信息的产生。也就是说，θ_i 需要满足：

$$[(1 - p)(1 - \theta_i R^G) - \eta] I \leqslant 0 \qquad (4-5)$$

相当于：

$$\theta_i \geqslant \left(1 - \frac{\eta}{1 - p}\right) / R^G \qquad (4-6)$$

本章用 θ_i^{con} 来表示式（4-6）达到相等时的解。上标 "con" 表示项目质量选择受到无信息生产约束 [式（4-6）] 的限制。

如果 $\theta_i^* \geqslant \theta_i^{con}$，银行不受无信息生产约束的限制，银行仍然可以选择自己的最优项目质量 θ_i^*；如果 $\theta_i^* < \theta_i^{con}$，银行受到无信息生产约束的限制，为了在影子银行部门获得融资，银行必须额外提高项目质量到 θ_i^{con}，以防止投资者生产信息。本章将银行在通过影子银行融资的行业 i 中对项目质量的选择记为 θ_i^s，当 $\theta_i^* \geqslant \theta_i^{con}$ 时，$\theta_i^s = \theta_i^*$；当 $\theta_i^* < \theta_i^{con}$ 时，$\theta_i^s = \theta_i^{con}$。

2. 政策的有效性

下面讨论禁止存在扭曲的行业在商业银行表内融资，但允许这些行业在影子银行融资这一政策的效果。定理4.2说明，影子银行政策的效果取决于信息生产成本。

定理4.2 （影子银行政策的影响）投资者的信息生产成本 η 存在三个临界值：满足 $\eta_H = (1 - p)(1 - \theta_i^* R^G)$、$\eta_{FB} = (1 - p)(1 - \theta^{FB} R^G)$、$\eta_L = (1 - p)(1 - \theta_i^{**} R^G)$，并且 $\eta_H > \eta_{FB} > \eta_L$，使得

（1）当 $\eta \geq \eta_H$ 时，政策无效，均衡项目质量与定理1中相同；

（2）当 $\eta_{FB} < \eta < \eta_H$ 时，政策是有效的，可以提高社会福利，但是均衡项目质量低于社会最优水平；

（3）当 $\eta = \eta_{FB}$ 时，政策可以帮助经济实现社会最优资源配置；

（4）当 $\eta_L \leq \eta < \eta_{FB}$ 时，其中 $\theta_i^{**} > \theta^{FB}$ 并满足 $\theta_i^{**} R^G + (1 - \theta_i^{**}) pR^B - \gamma(\theta_i^{**}) = \theta_i^* R^G + (1 - \theta_i^*) pR^B - \gamma(\theta_i^*)$，政策是有效的，可以提高社会福利，然而，均衡项目质量高于社会最优水平；

（5）当 $\eta < \eta_L$ 时，该政策会降低社会福利。

证明： 见本章附录 B。

定理4.2表明，影子银行政策的效果取决于投资者的信息生产成本。图4.2至图4.4进一步阐释了定理4.2的结果。定理4.2的经济学直觉如下：当信息生产成本非常高时，投资者不会生产信息，银行也不会受到私人信息生产的限制，因此该政策是无效的。在图4.4中，当 $\eta \geq \eta_H$ 时，银行总是选择 θ_i^*，社会福利不受投资者信息生产成本变化的影响。

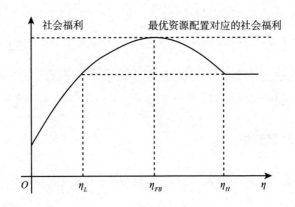

图4.2　社会福利（纵轴）与信息生产成本（横轴）的关系

当信息生产成本变低时，银行受制于无信息生产约束，不得不额外提高项目质量以防止影子银行部门的信息生产。这样，均衡项目质量就会提高，地方政府提供的私人利益对项目质量的扭曲也会得到缓解。适当的信息生产成本可以帮助经济实现社会最优配置，恢复效率。从图 4.4 中可以看出，当 $\eta_{FB} < \eta < \eta_H$ 时，银行对项目质量的选择会随着信息生产成本 η 的降低而降低；当 $\eta = \eta_{FB}$ 时，项目质量可以达到社会最优水平 θ^{FB}。

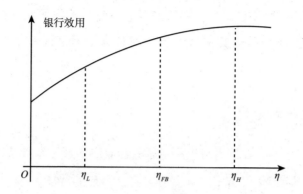

图 4.3　银行效用（纵轴）与信息生产成本（横轴）的关系

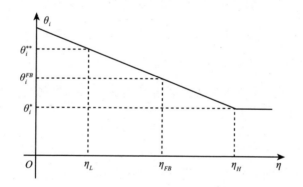

图 4.4　项目平均质量（纵轴）与信息生产成本（横轴）的关系

　　在现有文献中，私人信息生产的约束一般会损害社会福利。例如，在戈顿和奥多涅兹（2014）以及邓等（2017）的研究中，银行必须通过降低有效投资规模或牺牲储户的风险分担来避免信息生产，而这两者都会导致福利损失。在本章中，在私人利益鼓励银行首先向低质量项目提供更多贷款的情况下，私人信息生产的约束可能是有利的，因为它会迫使银行至少部分地纠正私人利益带来的扭曲。

当信息生产成本处于图 4.4 中 $\eta < \eta_{FB}$ 范围内时，均衡项目质量将高于社会最优水平 θ^{FB}，进而产生类似于戈顿和奥多涅兹（2014）以及邓等（2017）研究中的无效率问题。也就是说，过多的资源被用于提高项目质量，以抑制私人信息的生产。信息生产成本越小，问题就越严重。当成本足够低时，社会福利甚至可能低于对行业 i 不采取影子银行政策的情况。

3. 最优政策设计

根据定理 4.2，监管者可以决定哪些行业应从影子银行获得融资，以实现社会福利最大化。推论 4.1 描述了最优分配的特征。

推论 4.1 对于给定的信息生产成本 $\eta < \eta_H$，存在一个私人收益的分界线 $\bar{\beta}$，

（1）如果银行从某个行业的地方政府获得的私人利益大于 $\bar{\beta}$，那么该行业应该通过影子银行融资；

（2）如果银行从某个行业的地方政府获得的私人利益小于 $\bar{\beta}$，则该行业应通过正规银行融资。

证明：见本章附录 C。

推论 4.1 说明，与商业银行相比，影子银行业务何时可以改善社会福利。监管机构应当对私人收益较大的行业实施影子银行政策，而将私人收益较小的行业保留在商业银行部门。

对于由地方政府提供大量私人利益的行业，道德风险问题非常严重，银行的最优表内融资项目质量远低于社会最优项目质量。因此，迫使银行通过影子银行部门为该产业融资可以提高项目质量，增加社会福利。相比之下，对于只有少量私人收益的行业，银行的表内项目质量仅略低于社会最优项目质量。在这种情况下，影子银行的无信息生产约束需要过多的资源来抑制成本高昂的信息生产。因此，与银行表内融资相比，

社会福利将减少而不是增加。

推论 4.2 解释了中国自 2010 年以来有针对性的信贷紧缩政策，主要针对商业银行对房地产、地方政府融资平台和产能过剩行业的表内融资。影子银行业务在这些行业快速扩张。由于短期收益大、长期收益低的投资项目集中在这些行业，地方政府为银行向这些行业投资提供了最多的私人利益。本章模型表明，监管机构收紧这些行业的表内融资，同时仍允许影子银行融资的政策可以提高社会福利。

4. 隐性担保和多层嵌套

根据定理 4.2 和图 4.3，银行可以通过抑制投资者生产信息来改善其福利。在现实中，银行确实采用了隐性担保和多层嵌套来降低投资者生产信息的动机。为此，中国监管机构出台了新法规，抑制影子银行业务中使用隐性担保和多层嵌套。

（1）隐性担保。在中国，商业银行为影子银行产品的本金和收益提供隐性担保是一种常见的做法。商业银行这样做，本质上是为了减少投资者从私人信息生产中获益，抑制私人信息生产，从而能够为影子银行中平均质量较低的项目提供融资。但实际上，隐性担保不可能做到尽善尽美，特别是在这一行为已被监管机构所禁止的情况下，投资者在利息和本金的支付上可能无法得到全额保障。[①] 为了兑现影子银行产品的兑付承诺，部分银行采用资金池模式管理影子银行产品，包括滚动发行影子银行产品，将多个影子银行产品的基础资产集中在一起进行兑付。当某一影子银行产品的基础资产出现违约时，银行会动用池内其他影子银行产品的募集资金来补贴出现问题的产品。这种做法无法解决违约问题，只能延迟损失的暴露。另一种确保兑付的方法是银行向出现问题的影子银行产品注资。由于监管机构不允许这种做法，银行必须承担额外成本。

---

① 有研究表明，约 25% 的小额贷款计划未能兑现承诺的利息（Huang et al.，2022）。

如果此事被公众或监管机构知晓，银行将面临声誉受损和监管机构的惩罚。

我们通过假设当不良项目失败时，银行可以向影子银行产品提供补贴 sI，以此刻画隐性担保。影子银行产品的预期收益将变为 $pr_i^sI + (1 - p)(\theta_i R^G I + sI)$。那么，通过私人生产信息，投资者的预期收益为 $pr_i^sI + (1 - p)I - \eta I$，因此信息生产的收益为 $[(1 - p)(1 - \theta_i R^G - s) - \eta]I$。无信息生产约束要求私人信息生产的收益必须是非正的，因此有：

$$\theta_i \geqslant \left(1 - \frac{\eta}{1 - p} - s\right)/R^G$$

与式（4 - 6）相比，这一结果意味着隐性担保会放松对银行的约束，从而允许银行选择更低的项目质量，而不会引发影子银行投资者的私人信息生产。从本质上讲，隐性担保会降低影子银行的约束效应，从而降低社会福利。然而，考虑到隐性担保的不完善性和额外成本，影子银行仍能部分改善被地方政府扭曲的行业的社会福利。

（2）多层嵌套。银行还试图故意使影子银行产品的基础资产嵌套在多个层次中，以此使影子银行产品更加复杂化。为此，信托公司、证券公司等众多金融中介机构参与其中，充当不同的层级，以掩盖真实的底层资产。多层嵌套增加了投资者判断真实底层资产的难度，从而大大增加了信息生产成本。根据定理4.2，信息生产成本的增加会使银行选择质量较低的项目，降低影子银行政策的有效性。

（3）资管新规。由于隐性担保和多层嵌套问题会削弱影子银行的功能，监管机构采取了相关政策加以防范。为了解决隐性担保问题，中国监管机构随着时间的推移越来越多地限制银行进行隐性担保。最终，监管机构在2018年的资管新规中禁止了所有类型对影子银行产品的担保。例如，新规明确禁止任何形式的本金和收益担保或资金池。为应对多层嵌套问题，监管机构还在提高底层资产透明度方面做出了大量努力。例如，2017 年对银信合作进行了规范；2018 年，监管机构直接要求银行大幅减少所有影子银行产品的底层资产层级，监管机构在规定中采用了穿透原则并要求"实质重于形式"，这意味着银行必须披露真实的底层资产，影子银行产品的法律文件需要传达更详细、更实质性的底层资产信息。

根据本章的模型，这些新规定旨在使影子银行投资者的回报与相关资产的实际回报更加相关，并降低信息生产成本。它们将使得投资者重新具有生产私人信息的动机，银行也将因此必须提高项目质量以在影子银行继续获得融资。

4.5

负面冲击与影子银行收缩

2018 年以来，中国影子银行规模占 GDP 的比重持续下降。为了理解这一现象，本章对模型进行了扩展，引入了对项目质量的负面冲击。在中国经济放缓的背景下，随着项目受到更多经济和行业层面的负面冲击，项目的不确定性增强。本章使用对项目质量负面冲击的假设来描述经济中的这种系统性风险，并探讨在系统性风险增加的背景下影子银行规模的动态路径。

考虑一个对项目质量的随机负面冲击，发生在银行筛选项目之后。银行能够意识到负面冲击发生的可能性，即冲击是可预期的。对行业 i 的负面冲击会使项目质量下降 $\Delta\theta_i$，这意味着负面冲击会将一些好项目转化为坏项目，负面冲击后的平均项目质量变为 $(\theta_i - \Delta\theta_i)^+$，也就是说，当 $\theta_i - \Delta\theta_i > 0$ 时，它等于 $\theta_i - \Delta\theta_i$；当 $\theta_i - \Delta\theta_i \leqslant 0$ 时，它等于 0。如果负面冲击的规模大于银行对项目质量的选择，那么所有项目都会变成坏项目。

负面冲击 $\Delta\theta_i$ 服从密度函数 $f(\Delta\theta_i)$ 和分布函数 $F(\Delta\theta_i)$。为简单起见，

本章假设分布函数的支集为$[0,\overline{\Delta\theta_i}]$，这意味着负面冲击的实现值位于$[0,\overline{\Delta\theta_i}]$。进一步假设$\overline{\Delta\theta_i}<\theta_i^*$，这意味着银行对项目质量的最优选择要高于负面冲击的最大规模。本章使用这些假设来排除过于极端的负面冲击。本章也不讨论$\Delta\theta_i$太小以至于对银行的决策没有影响的情况。为简单起见，本章假设银行不会因负面冲击导致的额外不良项目而从地方政府获得任何私人利益。[①]

模型的时间轴更新如下。在银行选择项目质量θ_i之后，负面冲击发生并降低了项目质量，银行和投资者都可以观察到这一点。然后投资者决定是否生产私人信息。

根据无私人生产信息约束式（4-6），如果负面冲击发生后项目质量低于临界值，投资者将开始生产信息，项目将无法通过影子银行获得融资。与没有负面冲击的基准模型相比，由于银行可以预期负面冲击的发生，它将不得不进一步提高项目质量以防止信息的生产。然而，考虑到提高项目质量的成本，银行可能不会将项目质量提高到即使在最坏情况下也能防止信息生产的水平，因为此时可能成本过高。

4.5.1　社会最优资源配置

监管者追求社会福利最大化。在没有地方政府干预的情况下，可以通过求解以下行业i的优化问题来实现最优资源配置：

$$\max_{\{\theta_i\}}\int_0^{\overline{\Delta\theta_i}}\left[(\theta_i-\Delta\theta_i)R^G+(1-\theta_i+\Delta\theta_i)pR^B-\gamma(\theta_i)\right]I\mathrm{d}F(\Delta\theta_i)$$

$$(4-7)$$

注意，$\gamma(\theta_i)$并不包含$-\Delta\theta_i$，因为银行已经花费精力将项目质量提高到了

---

① 如果采用另一种假设，即银行从支持这些新转化的不良项目中获得了私人利益，所有结果在定性上都保持不变。

θ_i，而负面冲击并不会影响成本。

关于 θ_i 的一阶条件为：

$$\int_0^{\overline{\Delta\theta_i}} [R^G - pR^B - \gamma'(\theta_i)] I dF(\Delta\theta_i) = 0 \qquad (4-8)$$

这等价于 $[R^G - pR^B - \gamma'(\theta_i)] I = 0$。当前的社会最优项目质量 $\widetilde{\theta_i^{FB}}$ 与之前的相同，即 $\widetilde{\theta_i^{FB}} = \theta^{FB}$。这是因为负面冲击既不会影响提高项目质量的边际成本，也不会影响其边际收益。

4.5.2 均衡性质和政策效果

如果银行可以在其资产负债表上为项目融资，那么它就不会受到无信息生产约束的限制，因此它可以求解以下优化问题：

$$\max_{\{\theta_i\}} \int_0^{\overline{\Delta\theta_i}} \begin{bmatrix} (\theta_i - \Delta\theta_i)R^G + (1 - \theta_i + \Delta\theta_i)pR^B \\ - \gamma(\theta_i) + (1 - \theta_i)\beta_i \end{bmatrix} I dF(\Delta\theta_i) \qquad (4-9)$$

关于 θ_i 的一阶条件为：

$$\int_0^{\overline{\Delta\theta_i}} [R^G - pR^B - \gamma'(\theta_i) - \beta_i] I dF(\Delta\theta_i) = 0 \qquad (4-10)$$

这相当于 $[R^G - pR^B - \gamma'(\theta_i) - \beta_i] I = 0$。与社会最优分配类似，将银行对资产负债表上项目质量的最优选择表示为 $\widetilde{\theta_i^*}$，我们有 $\widetilde{\theta_i^*} = \theta_i^*$。这一结果意味着银行会选择与之前相同的项目质量。此外，道德风险问题仍然会促使银行选择低于社会最优水平的项目质量，即 $\widetilde{\theta_i^*} < \widetilde{\theta_i^{FB}}$。

接下来，本章给出影子银行部门在负面冲击情况下的银行优化问题。

$$\theta_i - \Delta\theta_i \geqslant \left(1 - \frac{\eta}{1-p}\right)/R^G \qquad (4-11)$$

比较式（4-11）和式（4-6），银行需要进一步提高项目质量 θ_i 以应对负面冲击。对于 $\theta_i - \Delta\theta_i$ 的每一个实现值，利率仍然遵循优化问题式（4-4）中的规则。然后，银行求解以下优化问题，以实现预期利润最大化：

$$\max_{\{\theta_i\}} \int_0^{\theta_i-(1-\frac{\eta}{1-p})/R^G} \left[\begin{array}{c} (\theta_i - \Delta\theta_i)R^G + (1-\theta_i+\Delta\theta_i)pR^B \\ -\gamma(\theta_i) + (1-\theta_i)\beta_i \end{array} \right] I \ dF(\Delta\theta_i)$$

$$(4-12)$$

将式（4-12）的解表示为$\widetilde{\theta_i^s}$，随后可以得到定理4.3，说明负向冲击的影响。

定理4.3　（1）影子银行部门的项目质量高于没有负面冲击的项目质量，即$\widetilde{\theta_i^s} > \theta_i^s$。

（2）均衡项目质量$\widetilde{\theta_i^s}$随着信息生产成本η的降低而降低。

（3）负面冲击的规模有一个临界值，用$\widehat{\Delta\theta_i}$表示。当$\Delta\theta_i > \widehat{\Delta\theta_i}$时，投资者会生产信息，银行无法获得融资；当$\Delta\theta_i \leq \widehat{\Delta\theta_i}$时，投资者不会生产信息，银行可以获得融资。

证明：见本章附录D。

在存在负面冲击的情况下，银行需要进一步提高影子银行的项目质量，以抑制私人信息的生产。这是因为，如果银行选择之前的最优项目质量θ_i^{con}，任何规模的负面冲击都会引发信息生产，银行将无法从影子银行获得融资。因此，银行必须进一步提高项目质量，以抑制负面冲击下的信息生产。项目质量仍然会随着信息生产成本的降低而降低。

然而，当负面冲击的最大规模较大时，银行在任何情况下都抑制私人信息生产的成本会过高，因为这需要将项目质量提高到一个非常高的水平。由于成本过高，会给银行带来负净利润，银行会把项目质量提高到一个中等水平。当负面冲击的实现值低于该临界值时，投资者不会生产私人信息；当负面冲击的实现值大于该临界值时，私人信息生产就会被触发，影子银行就无法继续获得融资。

在负面冲击下，监管机构面临以下权衡。一方面，如果具有私人利益的行业继续留在银行业，虽然所有有效的项目都能得到融资，但项目质量会很低；另一方面，如果该行业由影子银行融资，虽然项目质量可以提高，但由于私人信息的产生和影子银行的崩溃，会导致一些有效的项目无法再获得融资。因此，影子银行政策的积极效应会在负面冲击出现时减弱。

为了更好地了解这种效应，比较银行业的社会福利：

$$\int_0^{\overline{\Delta\theta_i}} \left[(\theta_i^* - \Delta\theta_i)R^G + (1 - \theta_i^* + \Delta\theta_i)pR^B - \gamma(\theta_i^*) \right] I \mathrm{d}F(\Delta\theta_i)$$

$$(4-13)$$

影子银行部门的社会福利：

$$\int_0^{\widetilde{\theta_i^s} - \left(1 - \frac{\eta}{1-p}\right)/R^G} \left[(\widetilde{\theta_i^s} - \Delta\theta_i)R^G + (1 - \widetilde{\theta_i^s} + \Delta\theta_i)pR^B - \gamma(\widetilde{\theta_i^s}) \right] I \mathrm{d}F(\Delta\theta_i)$$

$$(4-14)$$

用 *WelChange* 表示影子银行政策的效果，可得：

$$WelChange = 式(4-14) - 式(4-13)$$

虽然影子银行部门的无私人信息生产约束有助于提高项目质量（从 θ_i^* 提高到 $\widetilde{\theta_i^s}$），但当负面冲击的实现值大于 $\widetilde{\theta_i^s} - \left(1 - \frac{\eta}{1-p}\right)/R^G$ 时，影子银行部门不得不承受失去好项目的损失。

上述关于负面冲击的大小与影子银行政策有效性之间关系的讨论总结在推论4.2中。鉴于负面冲击分布函数是一般形式的，本章使用一阶随机占优来比较两个负面冲击的大小。我们将随机变量 $\Delta\theta_i^A$ 一阶随机占优于 $\Delta\theta_i^B$ 称为负面冲击 $\Delta\theta_i^A$ 大于负面冲击 $\Delta\theta_i^B$。

推论4.2　（1）对于两个随机负面冲击 $\Delta\theta_i^A$ 和 $\Delta\theta_i^B$，如果 $\Delta\theta_i^A$ 大于 $\Delta\theta_i^B$，那么在较大的负面冲击 $\Delta\theta_i^A$ 下，均衡项目质量 $\widetilde{\theta_i^s}$ 较高，社会福利较小。

（2）当负面冲击足够大时，影子银行政策会降低社会福利。

证明：见本章附录 E。

直观地看，当较大的负面冲击更有可能发生时，私人信息生产更有可能被触发，导致影子银行无法获得融资。这时，银行就必须进一步提高项目质量，以降低信息生产的可能性。然而，由于项目筛选成本较高，项目质量的提高并不能完全抵消较大负面冲击带来的负面影响。当负面冲击变大时，由于好的项目更难通过影子银行融资，影子银行政策的收益必然下降。当负面冲击足够大时，影子银行政策将降低社会福利，因为影子银行更有可能崩溃，大量好项目将无法获得融资。

4.5.3　影子银行规模的收缩

推论 4.2 揭示了近年来中国影子银行规模收缩的原因。当一个行业受到的负面冲击规模足够大时，影子银行政策可能比允许银行表内融资还要更差。近年来，中国经济增长出现系统性放缓，宏观经济和产业层面的风险不断累积。在此背景下，本章的模型意味着，对于面临高系统性风险的行业而言，借助影子银行政策来纠正扭曲已不再有利；相反，这些行业应在银行资产负债表上融资。

近年来，中国监管机构多次对一些影子银行投资的高信用风险和流动性风险表示担忧。相应地，监管机构对小额贷款公司和其他影子银行产品在投资方向和风险管理方面的监管也大幅收紧。这与本章模型的政策含义是一致的。2018 年以来，监管机构对高风险行业的影子银行借款人实施了更为严格的限制。为了遏制影子银行的发展，监管机构允许银行将部分高风险的表外资产移回资产负债表，这也印证了本章的模型结论，即高风险领域的项目不应通过影子银行融资。所有这些规定最终导致了影子银行规模的收缩。总之，本章模型为理解近年来中国影子银行的政策变化提供了理论依据。

附录 A　定理 4.1 的证明

优化问题式（4-1）关于 θ 的一阶条件为：

$$n[R^{G} - pR^{B} - \gamma'(\theta)]I = 0 \qquad (4-15)$$

这相当于 $R^{G} - pR^{B} = \gamma'(\theta)$，式（4-15）的解是 θ^{FB}。

优化问题式（4-2）关于 θ 的一阶条件是 $(n-1)[R^{G} - pR^{B} - \gamma'(\theta)]I = 0$，解仍然是 θ^{FB}。优化问题式（4-2）关于 θ_i 的一阶条件为：

$$(R^{G} - pR^{B}) - \gamma'(\theta_i) - \beta_i = 0 \qquad (4-16)$$

等价于 $R^{G} - pR^{B} - \beta_i = \gamma'(\theta_i)$。式（4-16）的解表示为 θ_i^{*}。由于 $\gamma''(\theta_i) > 0$，显然，只要 $\beta_i > 0$，就有 $\theta_i^{*} < \theta^{FB}$。

附录 B　定理 4.2 的证明

θ_i^{*} 是由 $(R^{G} - pR^{B}) - \gamma'(\theta_i^{*}) - \beta_i = 0$ 决定的。因此，θ_i^{*} 是 R^{G}、R^{B}、p 和 β_i 的函数。那么，$\theta_i^{*} \geq \theta_i^{con}$ 意味着 $\theta_i^{*} \geq \left(1 - \dfrac{\eta}{1-p}\right)\Big/R^{G}$，等价于 $\eta \geq (1-p)(1 - \theta_i^{*} R^{G})$。

那么，当 $\eta \geq (1-p)(1 - \theta_i^{*} R^{G})$ 时，有 $\theta_i^{*} \geq \theta_i^{con}$，银行不受无信息生产约束，这意味着银行仍然会选择 θ_i^{*}，政策无效。

如果 $\eta < (1-p)(1 - \theta_i^{*} R^{G})$，银行受到无信息生产约束，均衡项目质量将是 $\theta_i^{con} = \left(1 - \dfrac{\eta}{1-p}\right)\Big/R^{G}$。当 $\theta^{FB} = \theta_i^{FB}$ 时，可以实现社会最优资源配置，此时有 $\eta = (1-p)(1 - \theta^{FB} R^{G})$。

然后，证明 θ_i^{con} 关于 η 的单调性。θ_i^{con} 关于 η 的导数是 $-\dfrac{1}{R^{G}(1-p)}$，为负数，因此 θ_i^{con} 会随着 η 的减小而减小。这意味着信息生产成本越低，

项目质量越高。

由于 $\theta_i^* < \theta^{FB}$，当 $(1-p)(1-\theta^{FB}R^G) \leqslant \eta \leqslant (1-p)(1-\theta_i^*R^G)$ 时，均衡项目质量将高于 θ_i^*，低于 θ^{FB}；当 $\eta < (1-p)(1-\theta^{FB}R^G)$ 时，项目质量将高于 θ^{FB}。

最后，由于 θ^{FB} 最大化了 $\theta_i R^G + (1-\theta_i)pR^B - \gamma(\theta_i)$，有：

$$\theta_i^* R^G + (1-\theta_i^*)pR^B - \gamma(\theta_i^*) < \theta^{FB}R^G + (1-\theta^{FB})pR^B - \gamma(\theta^{FB})$$

由于 $\gamma'(\cdot) > 0$ 和 $\gamma''(\cdot) > 0$，我们知道，当 $\theta_i > \theta^{FB}$ 时，$(R^G - pR^B) - \gamma'(\theta_i) < 0$。那么，一定存在一个唯一的 $\theta_i^{**} > \theta^{FB}$，使得社会福利等于 θ_i^* 下的水平。即 θ_i^{**} 满足

$$\theta_i^{**} R^G + (1-\theta_i^{**})pR^B - \gamma(\theta_i^{**}) = \theta_i^* R^G + (1-\theta_i^*)pR^B - \gamma(\theta_i^*)$$

$$(4-17)$$

那么，当 $\eta \geqslant (1-p)(1-\theta_i^{**}R^G)$ 时，有 $\theta_i \leqslant \theta_i^{**}$，社会福利高于 θ_i^* 下的社会福利，这意味着该政策可以改善社会福利；当 $\eta < (1-p)(1-\theta_i^{**}R^G)$ 时，有 $\theta_i > \theta_i^{**}$，社会福利低于 θ_i^*，这意味着该政策会降低社会福利。

附录 C　推论 4.1 的证明

当 $\eta_L < \eta < \eta_H$ 时，政策是有效的，可以提高社会福利；而当 $\eta < \eta_L$ 时，政策会降低社会福利。

η_L 是 β_i 的函数，表示为 $\eta_L(\beta_i)$。在给定的 η 条件下，由函数 $\eta = \eta_L(\beta_i)$ 可以求解 β_i，

$$\eta = (1-p)(1-\theta_i^{**}R^G) \tag{4-18}$$

我们可以得到固定 η 条件下的临界值 $\bar{\beta} = \beta_i(\eta)$，其中 θ_i^{**} 由式 (4-17) 决定，即

$$\theta_i^{**} R^G + (1 - \theta_i^{**}) pR^B - \gamma(\theta_i^{**}) = \theta_i^* R^G + (1 - \theta_i^*) pR^B - \gamma(\theta_i^*)$$

接下来，我们证明单调性。

首先，θ_i^* 是由 $(R^G - pR^B) - \gamma'(\theta_i^*) - \beta_i = 0$ 决定的，因此 $\dfrac{\partial \theta_i^*}{\beta_i} < 0$，也就是说，项目质量会随着私人利益程度的增加而降低。

其次，由于 $\gamma'(\,\cdot\,) > 0$、$\gamma''(\,\cdot\,) > 0$、$0 < \theta_i^* < 1$、$0 < \theta_i^{**} < 1$、θ_i^{**} 和 θ_i^* 满足式（4－17）且 $\theta_i^* < \theta^{FB} < \theta_i^{**}$，可知 θ_i^* 是式（4－17）的左根，θ_i^{**} 是 $[0,1]$ 范围内的右根，这意味着当 θ_i^* 较小时，θ_i^{**} 较大。由于 $\dfrac{\partial \theta_i^*}{\beta_i} < 0$，$\beta_i$ 越大意味着 θ_i^* 越小、θ_i^{**} 越大，这意味着 $\dfrac{\partial \theta_i^{**}}{\beta_i} > 0$。当 $\beta_i > \bar{\beta} = \beta_i(\eta)$ 时，有 $\theta_i^{**}(\beta_i) > \theta_i^{**}(\bar{\beta})$，因此 $\eta > \eta_L(\beta_i)$。信息生产成本高于临界值 η_L 就意味着该政策是改善社会福利的。同样也很容易知道，当 $\beta_i < \bar{\beta}$ 时，该政策是降低福利的。

附录 D　定理 4.3 的证明

优化问题式（4－12）关于 θ_i 的一阶条件为：

$$\int_0^{\theta_i - \left(1 - \frac{\eta}{1-p}\right)/R^G} \left[R^G - pR^B - \gamma'(\theta_i) - \beta_i \right] I dF(\Delta\theta_i)$$

$$+ \left[\begin{array}{c} (\theta_i - \Delta\theta_i) R^G + (1 - \theta_i + \Delta\theta_i) pR^B \\ - \gamma(\theta_i) + (1 - \theta_i)\beta_i \end{array} \right] I f(\Delta\theta_i) \Big|_{\Delta\theta_i = \theta_i - \left(1 - \frac{\eta}{1-p}\right)/R^G} = 0$$

等价于：

$$\int_0^{\theta_i - \left(1 - \frac{\eta}{1-p}\right)/R^G} \left[R^G - pR^B - \gamma'(\theta_i) - \beta_i \right] I dF(\Delta\theta_i)$$

$$+ \left[\begin{array}{c} \left(1 - \frac{\eta}{1-p}\right) + \left(1 - \left(1 - \frac{\eta}{1-p}\right)/R^G\right) pR^B \\ - \gamma(\theta_i) + (1 - \theta_i)\beta_i \end{array} \right] I f\left(\theta_i - \left(1 - \frac{\eta}{1-p}\right)/R^G\right) = 0$$

$$(4-19)$$

式（4–19）的解是$\widetilde{\theta_i^s}$。

首先，在没有负面冲击的情况下，当$\theta_i^* \geq \theta_i^{con}$时，$\theta_i^s = \theta_i^*$；当$\theta_i^* < \theta_i^{con}$时，$\theta_i^s = \theta_i^{con}$。如果$\theta_i^s = \theta_i^*$，那么$\widetilde{\theta_i^*}$高于$\theta_i^*$，并且$\widetilde{\theta_i^*}$至少与$\theta_i^*$相同，因此$\widetilde{\theta_i^s} > \theta_i^s$。如果$\theta_i^s = \theta_i^{con}$，而银行现在仍然选择$\theta_i^s = \theta_i^{con}$，在任何负面冲击下，信息生产都会被触发，银行无法获得融资，从而导致净利润为零。只要银行边际提高项目质量，其就会获得严格意义上的正利润，这种情况接近于没有负向冲击的情况。因此，银行会额外提高项目质量，选择$\widetilde{\theta_i^s} > \theta_i^s$。其次，当$\eta$减少时，$\left(1 - \dfrac{\eta}{1-p}\right)/R^G$会增加。如果银行保持项目质量不变，就会在更多情况下产生信息。银行会继续提高项目质量来抑制信息的产生，但获得融资的概率仍然会降低。最后，如果银行想要避免所有可能的负面冲击的负面影响，银行就必须提高项目质量，达到$\theta_i^{con} + \overline{\Delta\theta_i} = \left(1 - \dfrac{\eta}{1-p}\right)/R^G + \overline{\Delta\theta_i}$。由于$\overline{\Delta\theta_i}$不是很小，相应的成本$\gamma\left(\left(1 - \dfrac{\eta}{1-p}\right)/R^G + \overline{\Delta\theta_i}\right)$足够大，足以使银行产生负利润。我们将$\left(1 - \dfrac{\eta}{1-p}\right)/R^G + \overline{\Delta\theta_i}$表示为$\theta_i^{max}$，条件为：

$$\int_0^{\overline{\Delta\theta_i}} \left[\begin{array}{c} (\theta_i^{max} - \Delta\theta_i)R^G + (1 - \theta_i^{max} + \Delta\theta_i)pR^B \\ - \gamma(\theta_i^{max}) + (1 - \theta_i^{max})\beta_i \end{array} \right] I \, dF(\Delta\theta_i) < 0$$

只要$\overline{\Delta\theta_i}$不是非常小，条件就成立。

附录E   推论4.2的证明

对于两个冲击$\Delta\theta_i^A$和$\Delta\theta_i^B$，对任何$\Delta\theta_i^B$来说，$\Delta\theta_i^A$对$\Delta\theta_i^B$具有一阶随机占优，这意味着$F_A[\Delta\theta_i] \leq F_B[\Delta\theta_i]$成立。因此，有$\displaystyle\int_0^{\Delta\theta_i} dF_A[\Delta\theta_i] \leq \int_0^{\Delta\theta_i} dF_B[\Delta\theta_i]$对任何$\Delta\theta_i$都成立。

社会福利等于

$$\int_0^{\widetilde{\theta_i^s} - \left(1 - \frac{\eta}{1-p}\right)/R^G} \left[\, (\widetilde{\theta_i^s} - \Delta\theta_i)R^G + (1 - \widetilde{\theta_i^s} + \Delta\theta_i)pR^B - \gamma(\widetilde{\theta_i^s})\,\right] I dF(\Delta\theta_i)$$

$$(4-20)$$

其中，$\widetilde{\theta_i^s}$ 等于每个分布函数下的项目质量选择。$\widetilde{\theta_i^s}$ 由以下优化问题决定：

$$\max_{\{\theta_i\}} \int_0^{\theta_i - \left(1 - \frac{\eta}{1-p}\right)/R^G} \left[\begin{array}{c} (\theta_i - \Delta\theta_i)R^G + (1 - \theta_i + \Delta\theta_i)pR^B \\ - \gamma(\theta_i) + (1 - \theta_i)\beta_i \end{array} \right] I \; dF(\Delta\theta_i)$$

$$(4-21)$$

如果不实施强制银行将贷款转移到影子银行部门的政策，社会福利
等于

$$\int_0^{\overline{\Delta\theta_i}} \left[\, (\theta_i^* - \Delta\theta_i)R^G + (1 - \theta_i^* + \Delta\theta_i)pR^B - \gamma(\theta_i^*)\,\right] I dF(\Delta\theta_i)$$

$$(4-22)$$

政策的效果由式（4-20）和式（4-22）之间的差距来衡量。如果
式（4-20）大于式（4-22），则政策有效，式（4-20）越大，政策越
有效。

当冲击非常小，即 $\overline{\Delta\theta_i}$ 接近零时，政策总是有效的。将 $F_A[\Delta\theta_i]$ 下的
项目质量表示为 $(\widetilde{\theta_i^s})^A$，将 $F_B[\Delta\theta_i]$ 下的项目质量表示为 $(\widetilde{\theta_i^s})^B$。已知 $\widetilde{\theta_i^*} = \theta_i^*$，式（4-22）可以等价转换为：

$$[\, (\theta_i^* - \Delta\theta_i)R^G + (1 - \theta_i^* + \Delta\theta_i)pR^B - \gamma(\theta_i^*)\,] I$$

我们假设 $\overline{\Delta\theta_i} < \theta_i^*$，它与负面冲击的分布无关，我们只需要比较式（4-22）
在这两种分布下的值，就可以比较政策的有效性。

根据式（4-21），由于随机负面冲击 $\Delta\theta_i^A$ 在冲击较大时概率密度更
大，从而有 $(\widetilde{\theta_i^s})^A > (\widetilde{\theta_i^s})^B$。然而，$(\widetilde{\theta_i^s})^A$ 的改善并不能完全弥补较大冲击
的负面影响。从 $F_A[\Delta\theta_i]$ 开始，项目质量为 $(\widetilde{\theta_i^s})^A$。那么，由于 $R^G > pR^B$，
$\Delta\theta_i$ 的增加总是会减少式（4-20）中积分内的项。根据包络定理，可知

在 $(\widetilde{\theta_i^s})^A$ 附近，当冲击较大时，随机负面冲击 $\Delta\theta_i^A$ 的密度更大，这意味着社会福利会降低。包络定理表明，在 $(\widetilde{\theta_i^s})^A$ 附近的范围内，虽然 $(\widetilde{\theta_i^s})^A >$ $(\widetilde{\theta_i^s})^B$，但在分布 A 下获得融资的概率小于分布 B 下的概率，这意味着

$$P\,(\widetilde{\theta_i^s})^A - \Delta\theta_i \geq \left(1 - \frac{\eta}{1-p}\right)/R^G < P\,(\widetilde{\theta_i^s})^B - \Delta\theta_i \geq \left(1 - \frac{\eta}{1-p}\right)/R^G$$

最后，对于最大可能的负面冲击，即 $\Delta\theta_i = \overline{\Delta\theta_i}$，银行经营影子银行业务的利润为：

$$
\begin{aligned}
1 - \frac{\eta}{1-p} &+ \left(R^G - 1 - \frac{\eta}{1-p}\right)\frac{pR^B}{R^G} - \gamma\left(\left(\frac{1 - \frac{\eta}{1-p}}{R^G}\right) + \overline{\Delta\theta_i}\right) \\
&+ \left(1 - \left(\frac{1 - \frac{\eta}{1-p}}{R^G}\right) - \overline{\Delta\theta_i}\right)\beta_i
\end{aligned}
\tag{4-23}
$$

式（4-23）随着 $\overline{\Delta\theta_i}$ 的减小而减小。由于我们假设 $\overline{\Delta\theta_i}$ 不会太小，式（4-23）是负值。那么，对于足够大的负冲击，对于任何 $\varepsilon > 0$，事件 $\Delta\theta_i \in [\overline{\Delta\theta_i} - \varepsilon, \overline{\Delta\theta_i}]$ 的概率接近 1，这意味着银行将停止经营影子银行业务，导致影子银行政策产生负效应。

第5章

Chapter 5

结　论

　　本书聚焦于准备金监管套利引致的影子银行及非因监管套利出现的影子银行这两种具有中国特色的影子银行，从基础理论角度研究了这两类影子银行业务对金融体系和宏观经济的影响，以此得出中国背景下影子银行的最优监管机制，为进一步规范管理影子银行，以及在防范化解重大风险的前提下合理利用影子银行为实体经济服务，提出了政策建议。

　　第2章研究了在一个影子银行可以绕过准备金监管但要承受较高流动性成本的经济中，商业银行与影子银行之间的竞争关系与互补关系。在法定准备金率相对较高的情况下，影子银行作为绕过准备金监管的机构而存在，会使准备金监管失效。如果没有影子银行，准备金监管可以帮助经济实现社会最优资源配置。然而，在存在影子银行的情况下，更严格的准备金监管可能由于加剧了监管套利反而会降低社会福利。此外，影子银行证券流动性的变化也会影响社会资源配置。当法定准备金率相对较低时，提高影子银行证券流动性的政策会降低社会福利；反之，当法定准备金率较高时，提高影子银行证券流动性的政策会提高社会福利。本章通过引入名义货币拓展了真实商品模型，研究了货币对影子银行经济的影响。引入具有实际价值的货币为消费者提供了额外的流动性，同时也放松了准备金率约束，引入货币的净效应取决于货币的真实价值。

154 中国影子银行体系及最优监管机制研究

　　第 3 章从财政货币政策协调的角度给出了一种在影子银行经济中提高社会福利的可行政策。影子银行的存在会使得准备金监管无效化，因此不能通过准备金监管改善社会流动性水平。本章提出，由于税收（财政盈余）为名义货币提供了真实价值支撑，政府可以通过发行名义货币和允许使用名义货币缴税的政策组合为流动性短缺的经济主体提供更多流动性。货币政策帮助财政政策实现了从未来到现在的跨期资源配置，使得流动性从流动性过剩的群体转移到了流动性不足的群体手中，从而提升了社会福利。税率的提高会增加财政盈余，从而增加货币的真实价值，进一步缓解流动性不足和过度投资问题。

　　第 4 章研究了非因监管套利出现的影子银行。过去十年间中国影子银行体系的发展动态说明监管层应当存在主动放松影子银行的动因。本章的模型说明，当地方政府存在过度投资于产能过剩行业的动机，进而出于最大化短期产出的目的干预商业银行信贷分配时，收紧商业银行表内融资，同时允许影子银行融资这一政策可能可以提高社会平均项目质量，纠正由于地方政府过度投资而带来的效率损失。商业银行业务与影子银行业务的一个主要区别在于负债与由这些负债支持的资产收益之间的相关性。由于商业银行存在资本缓冲和存款保险，同时投资资产更加分散，商业银行存款的收益与该存款资金投向的各项资产的收益之间的相关性较低，而影子银行产品的收益与影子银行资产的收益之间的相关性要高得多。这意味着与银行储户相比，影子银行的投资者有更大的动机生产投资项目的私人信息。因此，为了抑制投资者的私人信息生产，维持资金的流动性，银行必须提高通过影子银行渠道融资的项目质量。影子银行在这一过程中扮演着市场约束机制的作用，以抑制低质量信贷。银行为了防止投资者生产私人信息，可能为影子银行产品提供隐性担保，并通过多层嵌套等方式使影子银行产品更加复杂，这都使得影子银行无法充分发挥其市场约束的作用，据此解释了为何监管机构需要禁止隐性担保和多层嵌套。本章的模型还解释了近年来影子银行规模的下降。当一个行业的风险放大到一定程度时，影子银行带来的额外挤兑问题的福利损失会盖过其积极作用，因此监管机构开始要求部分行业的资产回到表内融资。

本书的模型可以在许多方向上进一步拓展以研究更多新的问题。例如，可以通过在模型中引入挤兑来进一步分析准备金监管套利引致的影子银行对银行挤兑风险的影响；又如，可以考虑准备金监管套利引致的影子银行及非因监管套利出现的影子银行同时存在时的最优监管路径。这些问题都可以在未来进行进一步深入的研究。本书模型的结论还可以使用中国影子银行数据，如理财产品、委托贷款、融资租赁等数据集进行进一步的实证检验。

参 考 文 献

［1］高蓓、陈晓东、李成：《银行产权异质性，影子银行与货币政策有效性》，载于《经济研究》2020年第4期。

［2］高然、陈忱、曾辉、龚六堂：《信贷约束、影子银行与货币政策传导》，载于《经济研究》2018年第12期。

［3］龚关、江振龙、徐达实、李成：《非金融企业影子银行化与资源配置效率的动态演进》，载于《经济学（季刊）》2021年第6期。

［4］韩珣、李建军：《金融错配，非金融企业影子银行化与经济"脱实向虚"》，载于《金融研究》2020年第8期。

［5］韩珣、李建军：《政策连续性、非金融企业影子银行化与社会责任承担》，载于《金融研究》2021年第9期。

［6］何平、刘泽豪、方志玮：《影子银行，流动性与社会融资规模》，载于《经济学（季刊）》2018年第1期。

［7］侯成琪、黄彤彤：《影子银行、监管套利和宏观审慎政策》，载于《经济研究》2020年第7期。

［8］李建军、韩珣：《非金融企业影子银行化与经营风险》，载于《经济研究》2019年第8期。

［9］林琳、曹勇、肖寒：《中国式影子银行下的金融系统脆弱性》，载于《经济学（季刊）》2016年第3期。

［10］刘澜飚、李博韬、王博：《非标资产，信用转换与影子银行风

险》，载于《经济研究》2022 年第 5 期。

[11] 刘晓蕾、吕元稹、余凡：《地方政府隐性债务与城投债定价》，载于《金融研究》2021 年第 12 期。

[12] 彭俞超、何山：《资管新规、影子银行与经济高质量发展》，载于《世界经济》2020 年第 1 期。

[13] 邱志刚、王子悦、王卓：《地方政府债务置换与新增隐性债务——基于城投债发行规模与定价的分析》，载于《中国工业经济》2022 年第 4 期。

[14] 裘翔、周强龙：《影子银行与货币政策传导》，载于《经济研究》2014 年第 5 期。

[15] 司登奎、李颖佳、李小林：《中国银行业竞争与非金融企业影子银行化》，载于《金融研究》2022 年第 8 期。

[16] 孙国峰、贾君怡：《中国影子银行界定及其规模测算——基于信用货币创造的视角》，载于《中国社会科学》2015 年第 11 期。

[17] 王永钦、刘紫寒、李嫦、杜巨澜：《识别中国非金融企业的影子银行活动——来自合并资产负债表的证据》，载于《管理世界》2015 年第 12 期。

[18] 项后军、周雄：《流动性囤积视角下的影子银行及其监管》，载于《经济研究》2022 年第 3 期。

[19] 郁芸君、张一林、彭俞超：《监管规避与隐性金融风险》，载于《经济研究》2021 年第 4 期。

[20] 周上尧、王胜：《中国影子银行的成因、结构及系统性风险》，载于《经济研究》2021 年第 7 期。

[21] 祝继高、胡诗阳、陆正飞：《商业银行从事影子银行业务的影响因素与经济后果——基于影子银行体系资金融出方的实证研究》，载于《金融研究》2016 年第 1 期。

[22] Acharya, Viral V. , and M. Richardson, *Restoring Financial Stability: How to Repair a Failed System*, New York: John Wiley and Sons, 2009.

[23] Acharya, Viral V. , Jun Qian, Yang Su, and Zhishu Yang, "In the Shadow of Banks: Wealth Management Products and Issuing Banks' Risk in China", NYU Stern School of Business, 2020.

[24] Adrian, Tobias, and Hyun Song Shin, "Liquidity and Leverage", *Journal of Financial Intermediation*, 2010, 19 (3): 418 – 437.

[25] Allen, F. , E. Carletti, and D. Gale, "Money, Financial Stability and Efficiency", *Journal of Economic Theory*, 2014 (149): 100 – 127.

[26] Allen, Franklin, and Douglas Gale, "Financial Intermediaries and Markets", *Econometrica*, 2004, 72 (4): 1023 – 1061.

[27] Allen, Franklin, Yiming Qian, Guoqian Tu, and Frank Yu, "Entrusted Loans: A Close Look at China's Shadow Banking System", *Journal of Financial Economics*, 2019, 133 (1): 18 – 41.

[28] Bai, Chong-en, Chang-Tai Hsieh, and Zheng Song, "The Long Shadow of China's Fiscal Expansion", *Brookings Papers on Economic Activity*, 2016: 129 – 181.

[29] Begenau, Juliane, and Tim Landvoigt, "Financial Regulation in a Quantitative Model of the Modern Banking System", *The Review of Economic Studies*, 2022, 89 (4): 1748 – 1784.

[30] Brunnermeier, Markus K. , and Lasse Heje Pedersen, "Market Liquidity and Funding Liquidity", *The Review of Financial Studies*, 2009, 22 (6): 2201 – 2238.

[31] Buchak, G. , Matvos, G. , Piskorski, T. and Seru, A. , "Fintech, Regulatory Arbitrage, and the Rise of Shadow Banks", *Journal of Fi-

nancial Economics, 2018, 130 (3): 453 – 483.

[32] Chang, Jeffery Jinfan, Ting Yang, and Yanping Shi, "Finance Leases: A Hidden Channel of China's Shadow Banking System", Available at SSRN: https://ssrn.com/abstract = 3725600, 2020.

[33] Chen, Kaiji, Jue Ren, and Tao Zha, "The Nexus of Monetary Policy and Shadow Banking in China", *American Economic Review*, 2018, 108 (12): 3891 – 3936.

[34] Chen, Zhuo, Zhiguo He, and Chun Liu, "The Financing of Local Government in China: Stimulus Loan Wanes and Shadow Banking Waxes", *Journal of Financial Economics*, 2020, 137 (1): 42 – 71.

[35] Cochrane, J. H., "A Frictionless View of US Inflation", *NBER Macroeconomics Annual*, 1998, 13: 323 – 384.

[36] Cochrane, J. H., "Long – term Debt and Optimal Policy in the Fiscal Theory of the Price Level", *Econometrica*, 2001, 69 (1): 69 – 116.

[37] Cochrane, J. H., "Money as Stock", *Journal of Monetary Economics*, 2005, 52 (3): 501 – 528.

[38] Cong, Lin William, Haoyu Gao, Jacopo Ponticelli, and Xiaoguang Yang, "Credit Allocation Under Economic Stimulus: Evidence from China", *The Review of Financial Studies*, 2019, 32 (9): 3412 – 3460.

[39] Dang, Tri Vi, Gary Gorton, and Bengt Holmström, "Ignorance, Debt and Financial Crises", Working Paper, Yale University; Massachusetts Institute of Technology, 2013.

[40] Dang, Tri Vi, Gary Gorton, Bengt Holmström, and Guillermo Ordoñez, "Banks as Secret Keepers", *American Economic Review*, 2017, 107 (4): 1005 – 1029.

[41] de Roure, C., L. Pelizzon, and A. Thakor, "P2P Lenders versus

Banks: Cream Skimming or Bottom Fishing?", SAFE Working Paper, No. 206, 2021.

[42] Diamond, Douglas W. , and Philip H. Dybvig, "Bank Runs, Deposit Insurance, and Liquidity", *Journal of Political Economy*, 1983, 91 (3): 401 – 419.

[43] Diamond, Douglas W. , and Raghuram G. Rajan, "Money in a Theory of Banking", *American Economic Review*, 2006, 96 (1): 30 – 53.

[44] Farhi, E. , Golosov, M. , and Tsyvinski, A. , "A Theory of Liquidity and Regulation of Financial Intermediation", *The Review of Economic Studies*, 2009, 76 (3): 973 – 992.

[45] Farhi, Emmanuel, and Jean Tirole, "Shadow Banking and the Four Pillars of Traditional Financial Intermediation", *The Review of Economic Studies*, 2021, 88 (6): 2622 – 2653.

[46] Ferrante, F. "A Model of Endogenous Loan Quality and the Collapse of the Shadow Banking System", *American Economic Journal: Macroeconomics*, 2018, 10 (4): 152 – 201.

[47] Gennaioli, Nicola, Andrei Shleifer, and Robert W. Vishny, "A Model of Shadow Banking", *The Journal of Finance*, 2013, 68 (4): 1331 – 1363.

[48] Gorton, Gary, and Andrew Metrick, "Securitized Banking and the Run on Repo", *Journal of Financial Economics*, 2012, 104 (3): 425 – 451.

[49] Gorton, Gary, and George Pennacchi, "Financial Intermediaries and Liquidity Creation", *The Journal of Finance*, 1990, 45 (1): 49 – 71.

[50] Gorton, Gary, and Guillermo Ordoñez, "Collateral Crises", *The American Economic Review*, 2014, 104 (2): 343 – 378.

[51] Górnicka, Lucyna A. , "Banks and Shadow Banks: Competitors or Complements?", *Journal of Financial Intermediation*, 2016 (27): 118 – 131.

［52］ Hachem, Kinda, and Zheng Song "Liquidity Rules and Credit Booms", *Journal of Political Economy*, 2021, 129: 2721 – 2765.

［53］ Hanson, Samuel G. , Andrei Shleifer, Jeremy C. Stein, and Robert W. Vishny, "Banks as Patient Fixed-Income Investors", *Journal of Financial Economics*, 2015, 117 (3): 449 – 469.

［54］ Hanson, S. G. , Kashyap, A. K. and Stein, J. C. , "A Macro-prudential Approach to Financial Regulation", *Journal of Economic Perspectives*, 2011, 25 (1): 3 – 28.

［55］ Harris, Milton, Christian C. Opp, and Marcus M. Opp, "Higher Capital Requirements, Safer Banks? Macroprudential Regulation in a Competitive Financial System", SSRN Scholarly Paper ID 2181436, Rochester, NY: Social Science Research Network, 2014.

［56］ He, Ping, Zehao Liu, and Chengbo Xie, "A Fiscal Theory of Money and Bank Liquidity Provision", *Journal of Economic Theory*, 2023, 214: 105744.

［57］ He, Zhiguo, In Gu Khang, and Arvind Krishnamurthy, "Balance Sheet Adjustments During the 2008 Crisis", *IMF Economic Review*, 2010, 58 (1): 118 – 156.

［58］ Huang Ji, "Banking and Shadow Banking", *Journal of Economic Theory*, 2018, 178: 124 – 152.

［59］ Huang Ji, Zongbo Huang, Xiang Shao, "The Risk of Implicit Guarantees: Evidence from Shadow Banks in China", *Review of Finance*, 27 (4): 1521 – 1544.

［60］ Irani, R. M. , Iyer, R. , Meisenzahl, R. R. and Peydro, J. L. , "The Rise of Shadow Banking: Evidence from Capital Regulation", *The Review of Financial Studies*, 2021, 34 (5): 2181 – 2235.

[61] Jacklin, Charles J., "Demand Deposits, Trading Restrictions, and Risk Sharing", in Prescott, E. C., Wallace, N. (Eds.), *Contractual Arrangements for Intertemporal Trade*, Minnesota Studies in Macroeconomics, 1987, 1.

[62] Jin, H., Y. Qian, and B. R. Weingast, "Regional Decentralization and Fiscal Incentives: Federalism, Chinese Style", *Journal of Public Economics*, 2005, 89 (9 – 10): 1719 – 1742.

[63] Kara, Gazi I., and S. Mehmet Ozsoy, "Bank Regulation under Fire Sale Externalities", *The Review of Financial Studies*, 2020, 33 (6): 2554 – 2584.

[64] Kiyotaki, Nobuhiro, and Randall Wright, "A Search-Theoretic Approach to Monetary Economics", *The American Economic Review*, 1993, 83 (1): 63 – 77.

[65] Kiyotaki, Nobuhiro, and Randall Wright, "On Money as a Medium of Exchange", *Journal of Political Economy*, 1989, 97 (4): 927 – 954.

[66] Krishnamurthy, Arvind, and Annette Vissing-Jorgensen, "The Aggregate Demand for Treasury Debt", *Journal of Political Economy*, 2012, 120 (2): 233 – 267.

[67] Krishnamurthy, Arvind, and Wenhao Li, "The Demand for Money, Near-Money, and Treasury Bonds", *The Review of Financial Studies*, 2022.

[68] Lagos, Ricardo, and Randall Wright, "A Unified Framework for Monetary Theory and Policy Analysis", *Journal of Political Economy*, 2005, 113 (3): 463 – 484.

[69] Leeper, E. M., "Equilibria under 'Active' and 'Passive' Monetary and Fiscal Policies", *Journal of monetary Economics*, 1991, 27 (1): 129 – 147.

[70] Li, Hongbin, and Li-An Zhou, "Political Turnover and Economic

Performance: The Incentive Role of Personnel Control in China", *Journal of Public Economics*, 2005, 89 (9 – 10): 1743 – 1762.

[71] Liu, Zehao, and Chengbo Xie, "Liquidity, Capital Requirements, and Shadow Banking", *International Review of Economics & Finance*, 2021, 76: 1379 – 1388.

[72] Liu, Zehao, and Ping He, "Real Liquidity and Banking", *Journal of Financial Intermediation*, 2022, 49: 100895.

[73] Luck, Stephan, and Paul Schempp, "Banks, Shadow Banking, and Fragility", ECB Working Paper, 2014.

[74] Moreira, Alan, and Alexi Savov, "The Macroeconomics of Shadow Banking", *The Journal of Finance*, 2017, 72 (6): 2381 – 2432.

[75] Ordoñez, Guillermo, "Sustainable Shadow Banking", *American Economic Journal: Macroeconomics*, 2018, 10 (1): 33 – 56.

[76] Plantin, Guillaume, "Shadow Banking and Bank Capital Regulation", *The Review of Financial Studies*, 2014, 28 (1): 146 – 175.

[77] Pozsar, Zoltan, Tobias Adrian, Adam B. Ashcraft, and Haley Boesky, "Shadow Banking", Federal Reserve Bank of New York, 2010.

[78] Sims, C. A., "A Simple Model for Study of the Determination of the Price Level and the Interaction of Monetary and Fiscal Policy", *Economic Theory*, 1994, 4 (3): 381 – 399.

[79] Skeie, D. R., "Banking with Nominal Deposits and Inside Money", *Journal of Financial Intermediation*, 2008, 17 (4): 562 – 584.

[80] Song, Zheng, and Wei Xiong, "Risks in China's Financial System", *Annual Review of Financial Economics*, 2018 (10): 261 – 286.

[81] Sunderam, Adi, "Money Creation and the Shadow Banking System", *The Review of Financial Studies*, 2015, 28 (4): 939 – 977.

[82] Wang, Hao, Honglin Wang, Lisheng Wang, and Hao Zhou, "Shadow Banking: China's Dual-Track Interest Rate Liberalization", Available at SSRN: https://ssrn.com/abstract=2606081, 2019.

[83] Woodford, M., "Price – level Determinacy Without Control of a Monetary Aggregate", in *Carnegie – Rochester Conference Series on Public Policy*, 1995, 43: 1 – 46.

[84] Woodford, M., "Monetary Policy and Price Level Determinacy in a Cash – in – advance Economy", *Economic Theory*, 1994, 4 (3): 345 – 380.

[85] Xiao, Kairong, "Monetary Transmission through Shadow Banks", *The Review of Financial Studies*, 2020, 33 (6): 2379 – 2420.

[86] Xiong, W., "The Mandarin Model of Growth", Technical Report, Princeton University Working Paper, 2019.

[87] Xu, C., "The Fundamental Institutions of China's Reforms and Development", *Journal of Economic Literature*, 2011, 49 (4): 1076 – 1151.

图书在版编目（CIP）数据

中国影子银行体系及最优监管机制研究／刘泽豪著

· --北京：经济科学出版社，2024.5

ISBN 978 - 7 - 5218 - 5817 - 4

Ⅰ.①中…　Ⅱ.①刘…　Ⅲ.①非银行金融机构 - 研究

- 中国　Ⅳ.①F832.39

中国国家版本馆 CIP 数据核字（2024）第 075664 号

责任编辑：初少磊
责任校对：李　建
责任印制：范　艳

中国影子银行体系及最优监管机制研究
ZHONGGUO YINGZI YINHANG TIXI JI ZUIYOU JIANGUAN JIZHI YANJIU

刘泽豪　著

经济科学出版社出版、发行　新华书店经销
社址：北京市海淀区阜成路甲 28 号　邮编：100142
总编部电话：010 - 88191217　发行部电话：010 - 88191522
网址：www. esp. com. cn
电子邮箱：esp@ esp. com. cn
天猫网店：经济科学出版社旗舰店
网址：http：//jjkxcbs. tmall. com
北京季蜂印刷有限公司印装
710 × 1000　16 开　10.75 印张　160000 字
2024 年 5 月第 1 版　2024 年 5 月第 1 次印刷
ISBN 978 - 7 - 5218 - 5817 - 4　定价：45.00 元

（图书出现印装问题，本社负责调换。电话：010 - 88191545）
（版权所有　侵权必究　打击盗版　举报热线：010 - 88191661
QQ：2242791300　营销中心电话：010 - 88191537
电子邮箱：dbts@ esp. com. cn）